Shō Kōshirō

庄幸司郎

たたかう戦後精神

戦争難民から平和運動への道

松本昌次 編

日本経済評論社

まえがき

庄幸司郎さんは、二〇〇〇年二月一八日、急逝した。享年六八。その死はまさに字義どおり急逝にふさわしく、庄さんを知る誰もが予期せぬ不意の死であった。二月一日朝、風邪の症状がひどいので、自宅（東京都中野区）に近いかかりつけの病院を、庄さんは娘さんにつき添われて訪れたが、突然昏睡状態に陥り、そのまま眠りつづけて二度と甦ることはなかったのである。脳炎と診断された。

その死は、各新聞紙上等で広く報じられたが、なかでも『朝日新聞』（二月二三日付夕刊）は、「反戦平和訴え情報誌を発行　庄幸司郎さん死去」と、三段抜きの見出しとともに遺影をかかげて大きく報じた。

――市民運動の情報誌「告知板」を二十八年間にわたって発行し、反戦平和運動を裏方で支え続けてきた建設会社社長の庄幸司郎さんが（略）死去していたことがわかった。（略）故人の遺志により家族や親類だけで十九日、密葬を済ませた。「庄さんをしのぶ会」が四月三十日（略）シニアワーク東京で開かれる。（略）

中国・大連生まれで、敗戦後、日本に引き揚げてきた焼け跡世代。大陸での旧日本軍の腐敗、侵攻してきたソ連兵の乱暴などを目の当たりにした少年時代の原体験が、戦後一貫して「反権力」の姿勢を貫かせた。

「告知板」は、一九七二年一月にガリ刷りの第一号百五十部を発行。一時は二万七千部にもなったが、最新号の三百三十三号で「休刊」を宣言していた。

ほかに雑誌「記録」や井上光晴編集の「辺境」を発行。障害者差別や在日外国人問題、公害の告発などに筆をふるった。建設会社の利益を市民運動につぎ込み、運動のための「場」の提供に尽力。アフガニスタンの記録映画のプロデューサーや「平和憲法（前文・第九条）を世界に拡げる会」の世話人も務めた。――

庄さんの生涯と活動を簡潔・的確にまとめた訃報であった。庄建設㈱・㈲シグロ・㈱青林舎・㈱影書房・平和憲法（前文・第九条）を世界に拡げる会が共同で開いた「庄幸司郎さんを偲ぶ会」には、さまざまな分野から四〇〇人を越える人びとが参会し、その早過ぎる死を惜しみ、悼んだ。司会はわたしがつとめた。

庄さんと出会ったのは、わたしが未来社に編集者として入社する前年、一九五二年四月である。仙台の大学を卒業し、東京都立一橋高校昼・夜間部に時間講師として赴任した夜の教室でであった。生徒の庄さんが二〇歳、教師のわたしが二四歳。教師は、当時猖獗をきわめた〝レッド・パージ〟のあおりをくって、半年であっさりクビになったが、以来、その死で幕を閉じるまでのほぼ半世紀、つきあいは切れることがなかった。一九九一年から亡くなるまで庄さんは影書房の経営も担ってくれた。

それらの委細については本文にゆずりたい。

庄さんは生前、四冊の著書を遺した。

『他者と私』（農山漁村文化協会・一九七八年六月）

『中国還魂紀行』（影書房・一九八六年一一月）

『悪態の精神』（影書房・一九九〇年一月）

『原郷の「満洲」』（文游社発行／影書房発売・一九九五年四月）

なお、没後の二〇〇〇年五月、『記録』[*1]編集部編『追悼　庄幸司郎――平和憲法とともに』（アストラ）が刊行され、五三人[*2]の追悼文とともに、遺稿「星の時間」が収められた。

本書には、「星の時間」をはじめ、旧「満洲」で過ごした戦中から戦後にかけての自伝的文章と、さまざまな方面での市民運動へのかかわりにふれた文章・談話を収録し、わたしの若干の文章も加えてその生涯を辿れるようにした。〝全身市民運動家〟と呼んでもいい庄幸司郎さんの戦後のたたかいの軌跡を、本書で読みとっていただければ幸である。

二〇〇九年五月

松本昌次

＊1　月刊誌『記録』は庄さん、本多勝一さん、そして松本を同人とし、編集者・横須賀忠由さんとともに庄さんの経営する記録社から一九七九年四月創刊されたが、一九九二年一〇月号・通巻一六三号で終刊した。アストラ発行の『記録』は、いわば第二次『記録』ともいえるもので、一九九四年七月、一六四号として再刊された。「星の時間」は同誌に連載されたものである。なお、第二次『記録』も、二〇〇八年九月号・通巻三三三号で休刊、ブログ形式のWEBサイトに内容のかなりの部分が移行している。

＊2　追悼文を寄せた方がたは次のとおりである。（敬称略・五十音順）
浅見定雄・池田龍雄・石川文洋・石田友三・伊藤成彦・伊東光晴・井上郁子・岩垂弘・宇井純・内田謙二・内田三和子・瓜生良介・岡邦俊・岡本三夫・乙部忠・小野悌二郎・片寄みつぐ・勝守寛・木村勝昭・國弘正雄・栗脇吉文・小池征人・後藤允・小室等・近藤日佐子・斎藤典雄・佐野さよ子・澤田章子・品川農・篠田浩一郎・鈴木規雄・関千枝子・関充明・竹内治男・土本典昭・照井良彦・富盛菊枝・西村敏子・野辺明子・野間光子・原田津・飛田雄一・藤本治・船木拓生・保坂展人・本多勝一・本田雅和・松本ユキ子・松本義之・丸山尚・美馬達夫・森秀男・湯澤和貴

庄 幸司郎 たたかう戦後精神

目次

装幀＝渡辺美知子

私の戦後五十年

庄　幸司郎

庄建設事務所にて（1990年代）

「私の戦後五十年」は、ねりま常民の会学習会での講演の記録で、『原郷の「満洲」』に収められた。その「あとがき」で、庄さんは次のように書いている。

「一九九四年十月二九日土曜日の午後は、小雨しょぼ降る肌寒い日でした。かつての東京都の地方選挙で、初めての女性区長誕生まであと一歩まで迫った練馬区長候補だった本尾良さんや、現職練馬区議会議員の片野令子さんたち市民運動グループ「常民の会」に招かれて、練馬女性センターでお喋りしたのを文章化したのが「私の戦後五十年」です。」

庄さんの敗戦前後の苦難苦闘と、戦後の市民運動、出版・映画制作等の活動が、コンパクトに語られているので巻頭に収めた。

皆さん今日は、私の名前は庄幸司郎と申します。日本人としてはちょっと変った名前ですので、よく庄幸、司郎さんと言われたりするのですが、上の一字だけ庄というのが苗字で、下の三文字幸司郎が名前です。私のつれあい、かみさんの名前は、〝みやこ〟というのですが、漢字で東京都の都一字で〝みやこ〟と読みますので二文字しかありません。病院の待合室などで困るらしいんです。〝しょうと〟さんと呼んでいても自分のこととは思いませんのでついうっかり気づかないでいますと、どこかに行ってしまって待合室には居ないのだと思われて順番をとばされて後まわしにされたり、さんざん待たされたりして、おかしいな、と気づいた時には一番最後の診察になったりするものですから、帰宅して私に文句をいうんですけど、私が自分でつけた苗字ではなく、先祖伝来のものですから、姓名を改める届でもしないかぎりは仕方がないと私はいうほかありません。

そんなことで、不自由だったり、損をしたり、妙なことで苦労させられたりするからでしょうか、私のかみさんは以前から旧姓のままの夫婦別姓の制度に賛成していました。中国や朝鮮・韓国などでは理由はさておき、昔から今日に至るまで夫婦は別姓のままですし、今日では日本でも日常生活で別姓を名のっている人もさして珍らしくなくなりましたが、私などの若い頃には、結婚すれば女性の姓が夫の姓に変わるのが当り前と思いこまされておりましたので何の疑問も持たず、考えつくことさえなかったのですから、社会環境の影響は恐ろしいものだと思います。

ところで今日は、夫婦別姓は是か否かの話をするためでなくて、「自らの戦後五十年を問う――市民運動から——」ということで私のつたないお話をさせて頂くことになっているのですが、実のところ私は確かに市民運動の事務局の仕事はアレコレと長年やってきましたが、市民運動のリーダーになったことはないんです。ですから事務的なことを大勢の人びととの前とか、グループの皆さんに伝達するなどはしてきましたが、講演とか演説などは殆どしたことがありません。だから話も下手ですし、日本の市民運動五十年史みたいなものを理論的に話せませんので、私ごとばかりで恐縮ですが、表題どおり〝自らの戦後五十年を問〟わせていただきます。

先程、私自身の名前についてお喋りいたしましたが、私の兄弟姉妹は十人もいまして、その全員が中国で生れ、中国で育ってますので、かつて「満洲」と呼ばれておりました中国東北地方での日本人の学校に通っていたのですが、先生やクラスメートたちからも私はよく中国人や朝鮮人と間違えられたものでした。一九四五（昭和二十）年八月十五日の日本の敗戦を中国東北地方の奉天（現瀋陽）で迎えた時、私は旧制中学二年生の夏休み中でしたが、毎日毎日軍隊の施設で勤労奉仕にかり出されていた何も知らない十四歳の少年でした。私の戦後はここからはじまったのです。

朝鮮や「満洲」を武力という暴力で奪い盗り、植民地として原地の人びとを搾取し、収奪していた当時の日本の傀儡「満洲国」の大義名分のうたい文句は「王道楽土」であり、「五族協和」などでしたが、実態はそれとは裏腹で、アジアの指導国は大日本帝国であり、最優秀民族である大和民族としての誇りを持て、と学校で徹底的に頭に叩きこまれたものでした。そして日常の日本人同士の社会と生活の中では、中国人、満洲人、朝鮮人、蒙古人などは、自らの国を統治する能力さえ持たない下等な民族だから、貧しく不潔なのだ、だから差別するのが当り前なのだ、というムードでした。

　私は幼い頃父に連れられて朝鮮を旅したことはありましたが、日本には行ったことがありません。日本を知らない日本人の子どもだった私の物心ついた頃から、次第に他民族と自分たち日本人との違いをハッキリ知る程に、他国を侵略した日本人たちは威張っていましたし、他の被支配民族をいかに非人間的に扱ってきたかを私はよく知っているつもりです。時間があれば後ほど話させていただきますが、そのあたりのことを記憶だけで書いたのが、一九七八（昭和五十三）年六月に『他者と私』という書名で農山漁村文化協会から刊行しました私の最初の単行本です。

　建築屋といえばすぐにゼネコンを思いだし、談合だのワイロだの、金儲けのためならどんなに汚いことでもする人種と思われがちですが、私のように談合にも汚職にも一切かかわりなく四十年余を過してきた建築屋だっているのです。しかし、金儲けをするための会社の経営者稼業を長くやってきた人間の一人であることに変りはありませんし、そういった業界の末端にあるような私でさえ、十七年前にこの本に書いているのですから、歴代の日本政府や行政の高級官僚たちが知らなかったはずがありません。半世紀も放ったらかしにしておいて、最近になってやっと「従軍慰安婦」や「残留孤児」とか「残留婦人」とか、日本政府や行政に都合よく身勝手な、嫌な呼称で言われている問題などが少しは人びとに、その事実や真実が知られるところとなりつつありますが、それは長い年月シコシコとねばり強く続けてこられた方々や市民運動の突上げがあったからだと私は思います。

　事ここに及んでなお口先だけの謝罪こそごく最近になって二、三の首相が外国で発言してますが、日本政府として正式に過去の誤ちの歴史を認め、謝罪して賠償金を払うという尻拭いさえしていないで、湾岸戦争でアメリカに百三十億ドルという莫大な金を貢いで人殺しの手助けをしたり、「国際貢献」の美名にかくれて自衛隊を派兵したり、「安保理入り」などに国民をまきこもうとしているのですからアキレカエルほかありません。

それは、やっとこさ国政の重要ポストにつけたトタンに、大臣の椅子に座れた嬉しさのあまりに、二千万人ものアジアの人びとを殺戮した過去のいまわしい戦争を正当化する本音の発言をして、大臣の椅子をフイにした阿呆な政治屋が最近だけでも三人もいたことでもわかることです。日本の国民だけでなく、国際的にも、地球規模で影響をもたらすはずの政府の要職についたなら、まず為すべきことは真実や現実を知ろうとする努力だと私は思うのですが、この人たちは、自分が偉くなったという個人的地位向上の喜びと、私的な権威を誇示することしかないという、政治家としての精神も理念も、素質のカケラさえ持ち合わせない、全く政治家には不向きな人たちだと思えてなりません。そんな連中ばかりが有権者にコビを売って票を集め国会議員になって、国民の税金をムダ使いしているのですから日本の先行きが大いに危ぶまれます。

異国にあっての日本の敗戦で立場が逆転しましたが、それまでの日本軍、日本政府、日本人たちの植民地支配下の他民族への残虐な仕打ちへの報復として、ソ連軍が進駐するまでに日本人街の一部は中国人、朝鮮人の群衆に何度か襲撃されたりしました。そして、ソ連軍が武装解除された日本人街の家屋に乱入して物品を掠奪したり、敗戦国民の日本人女性を強姦したのも事実ですし、中国国民党の兵士に袖の下を贈って命拾いしたりしたことも確かなことです。

関東軍は民間人には何も知らせず、辺境の地にいた開拓団などの日本人を置去りにして東南方に逃げたため私が居住してました奉天市も殆ど無警察状態の中で、私たちは非武装ですから襲われたらいち早く女性をかくしたり逃がしたりするより他に方法がありませんでした。そのあたりの記憶も先程の『他者と私』という本に書いてますが、一見すれば、日本の強力な軍事力に押えこまれ、権力者や為政者のいいなりになっておとなしく従っているように見えた被支配民族の人びとでしたが、己が、その立場に立たされてはじめて、それらの人びとの長い年月の苦渋の幾分かを私は知ることができたと思っています。満足に言葉も通じ合わない為政者と話し合ったり交渉したりして自分たちの命を自分たちで守るほかありませんでしたが、私はそれで良かったし、そのおかげでいまだにこうして六十三歳になるまで生きてこられたのだと思います。もしも、武器を持っていたら、そして、もしも否応なしにかり出され関東軍と共にソ連軍と戦っていたならば、おそらく私の人生は十四歳で終局を迎えていたことでしょう。そんな体験から、私は非武装の日本国憲法第九条や前文の精神や理念に現実を少しでも近づける努力をするのが、大人としての当然の義務だと思っております。

私は奉天という東北地方最大の都会にいましたので恵まれた方でしたが、ソ連・蒙古との国境に近い開拓団などでは、老人と女性と子どもしかいないところへ、突然ソ連軍の巨大な戦車が発砲しながら現われたのですから、着のみ着のまま、裸で幾日も歩いて都会になだれこんできた邦人避難民で学校の講堂や教室など日本人の公共施設はスシ詰となりました。八月十九日にソ連軍が瀋陽に入ってくるまでの最初のうちこそ、従来からこの街に居住していた私たち在住邦人は、助けあい運動のようにお金や食糧、衣類などを出しあって難民同胞に配ったりもしましたが、ソ連兵から自分たちの家族や街の一角を守るのに精一杯で、外出も出来なくなるとそれは立消えになってしまいました。

着たきりの不潔な生活ですからノミやシラミは着物から髪の毛にまでたかり、栄養失調で足がムクんで白い粉を吹いて歩けない人や、赤痢、チフス、コレラが大流行しましてバタバタ死んで行きます。逃げる途中で自分の子どもを殺したり捨てたり、売ったり、原地の人に預けたりしてきた母親。老人、子どもたちが冬がくると零下何十度かの寒さですから凍死していきます。

当時の日本人は十九歳で徴兵されましたし、それより若い青少年もほとんどが軍関係学校を志願しておりましたので、私たちの年代が家族や自分たちの街の一角を守るための最前線に立たねばなりません。自動小銃の台尻でドアーや木戸を打ちこわし、叩き壊して闖入してくるソ連兵を一秒でも長く防ぎ、一番最後に逃げるのが私たちの任務でしたが、怒ったソ連兵に自動小銃を乱射されたりして何度か殺されそうになりました。また、次々と死んで行く避難民同胞を見かねまして、私たちはソ連軍に接収された建物の中に忍びこみまして、食糧や石炭などを盗んでは避難民同胞に配ったりしたのですが、私たちは元々中学生で泥棒などしたことがありませんから手口が下手クソなためにしばしばつかまりましてブチこまれ、厳寒の季節に素手でジャガイモの皮ムキなどの罰を受けたりもしました。

もちろん自分と私の家族たちも食べたり使ったりしてましたので、生計を立てるために働く手段を職業というならば、私の最初の職業はドロボーだったといえるかもしれません。そしてそれが私の実践実動の市民運動のはじまりだったのかも知れません。

一九四六（昭和二十一）年五月七日から葫芦《ころ》島からの日本への送還がはじまったと私は記憶してますが、瀋陽からの第一陣は五月十五日からだったと思います。住家や家財や家族などを持つ私たちと違って、失うものなど何ひとつ無い避難民同胞たちがいち早く街頭の屋台などで商売をはじめたのです。私たちが怖れたソ連や中国の兵隊たちでしたが、あの人たちの生活力はたくましく、ソ連や中国の兵隊たちは、伝染病をうつされはしないかと、逆に避難民同胞たちをこわがったのです。まずそういった人たちから、次々と市の街や地域ごとに日本に送還されたのですが、私は半世紀を経た今日でも不思議に思うのです。

戦争によって起きた避難民や生活困窮の人びと、行き場のない人たちを、普通は世界中のどこでも「難民」と呼ぶのに何故日本だけが「引揚者」などと呼んできたのでしょうか？　私のように中国東北地方が、私が生き、知る世界のすべてだった人間が、見も知らぬ日本に、自分の意志を無視されたまま強制的に追出されて日本に連行されたのにそれが何故「引揚げ」なのか。そして、大日本帝国の植民地政策に間接的であったにせよ共鳴して、踊らされたり、協力した私の親たちにしても、日本で食いつめたため新天地に夢を託し、憧がれて玄海灘を浴衣一枚で渡ったのですし、自分の意志で大陸での生活を望んだのですから、元々は日本に居住していたのだから「引揚者」と呼ばれても仕方がないのかも知れませんけど、それにしても、日清・日露戦争以後の大日本帝国政府の政策であり、敗戦によって日本に強制送還されたのには変りはありません。まして、原住民たる中国人たちをだましてタダで土地を取上げたり、嘘みたいに安い価格で強制的に土地を売らされた所に、貧しい日本の農民に自分たちの土地が持てるとだまし、若い娘さんたちまでだまして開拓団に花嫁として送りこんだりしたからこそ起きた悲劇なのに、いまだにその人たちに何の補償も、年金も払わないで、かつての軍人に恩給を支払っているなど全く奇妙な国というほかありません。そういった戦争避難民同胞たちまで引っくるめて「引揚者」などと言うのは間違いだと私は思います。その人たちこそが明らかに戦争によって生じた「難民」なのです。一九九四年末に私は、『戦争を教えて下さい〈満州篇〉』というビデオを作り影書房から発売しましたが、そこでお二人の女性の方の証言を記録しましたので、ごらんいただければと思います。

広辞苑によりますと、「難民」とは、〝戦争・天災などのため困難に陥った人民。特に戦禍、政治的混乱や迫害を避けて故国や居住地外に出た人〟とあります。同じ広辞苑で「引揚げ者」を引いてみましたら、〝引き揚げる人。特に第二次大戦後、国外から引き揚げて内地へ帰って来た者〟と書いてありました。

自分の意志で「引揚げ」て日本に来たのではなくて、戦禍によって困難に陥った人民なのですから「難民」体験者と言うべきだと私は思っております。それは、「侵略」を「進出」と言い、「敗戦」を「終戦」という言葉にスリカエ、かつての日本政府が置き去りにしたり、長年放置しておきながら、あたかも個々人が自分の意志で残ったかの如き印象を持たせる「残留孤児」だの「残留婦人」などという表現をしたりする反省心のない日本政府、行政、政治屋と日本を動かしあやつっているごく一握りの人たちのゴマカシとしか私には思えません。

国立民族歴史博物館副館長の佐原真さんも提唱しておられますが、中国、台湾、北朝鮮、韓国、日本などまず漢字使用圏の国々が集まって、小、中、高校の教科書中の歴史について討議して少なくとも歴史を共通のものとすべきだと私は思います。次には他のアジアの諸国とも充分に話し合ってアジアの歴史教科書の内容を共通のものとすべきです。それらから真の国際交流、国際友好が芽生え、それこそが国際貢献のひとつとなるのではないでしょうか。

他にも、戦争難民体験者の一人であります私が不思議に思うことがあります。ナチス・ドイツとの戦争で孤児となった子どもたち数十人を連れて、ヨーロッパの各地を転々としたあげく苦労してやっとこさイギリスまで連れてきたキリスト教の牧師をえがいた劇映画を私はかつて観たことがあります。そして、かつての「満洲」で日本人が捨てたり、預けたりした子どもたち、または孤児となった日本人の子どもたちを、何千人かの中国人たちは面倒をみてチャンと育ててきているのに、おそらく百万人近くはいたであろう「引揚者」と呼ばれる日本人の大人たちは、同胞難民の孤児たち、親のいなくなった他人の子どもたちを一体幾人この日本に連れて来たでしょうか。私自身が目撃できたのはたった一人の他人の日本人孤児を、たった一人の日本人の大人が日本に連れて帰ったのを知るだけです。半世紀近くを経た今日に至るまで私は他に見たことも、聞いたこともありません。もしも皆さんの中に旧「満洲」からの「引揚者」と呼ばれる「難民」の日本人の大人が、他人の子どもの面倒をみながら一緒に日本に連れて帰ってきたという話を耳になさったことがありますなら、私にその情報を教えていただきたいとお願いする次第です。それに比して「残留孤児」と呼ばれています人たちの中国人の養父母たちは、憎むべき「東洋鬼《トンヤングイ》」の子どもを養って、文化大革命の最中にもイジメから守るため日本人の子どもということをかくしたりかくまって育てたという話も聞いてますが、中国人たちの方が遥かに人間的だと私は思います。そういった人たちに日本政府は、もっともっとしなければならないことがあるはずです。

私が生れて初めて日本の土を踏んだのは元佐世保軍港の針尾島にあった海軍の兵舎跡でしたが、私の両親は四十三年間もの外国生活でしたので日本では今浦島ですし、私たち兄弟姉妹にとっては全くの未知の世界の上に無一文なのですから本当に困りました。配給の米などは売ってお金にかえたりしなければなりませんので三日間とか四日間ぐらいは、水だけをガブガブ飲んで過ごしたこともザラでしたが、とにかく生きのびるためにはなんでもやらねばなりませんでした。父が京都府下の丹波の出で、母が滋賀県の大津の生れですので、当初は京都の父の親戚たちをたよったりしていましたが、復員軍人などの失業者の群で職業安定所は一杯、住家も、食糧もなく、働く口など十五歳の学歴もない私などにあるはずがありません。戦禍で焼け野原になった大阪や神戸に通って沖仲士や土方、大工、トビなど肉体労働の下働きなどの仕事が次第に多くなりました。それが、現場から体でおぼえる結果となりまして、建築を業とするようになったのです。

著作者文部省（当時・現文部科学省）で、新制中学社会科第一学年用と記されてますが、『あたらしい憲法のはなし』という教科書がありました。一九四八（昭和二十三）年十月二十六日発行とありますが、その頃の私は、早朝から深夜まで、業種のちがう二つ位の仕事で三年間ほど働きづめでしたので、新聞はもとより文字などとは無縁でしたので、この『あたらしい憲法のはなし』を読んだのはズーッと後になってのことでした。朝鮮戦争が起きてアメリカと日本の政府にとって都合が悪くなった途端に中学で教えなくなったようですが、いま読み返してみても格調が高くて、大変わかりやすく、立派な文章です。以後今日までの文部省のあり方をみてますと、へェー日本の文部省にも、かつての短い期間だけでもまともの時期もあったのかと、改めて感心するような内容です。

一九四九（昭和二十四）年の私は、くたびれ果て、体調も悪くなるに従って学業で身を立てねばと夜間高校進学を考え、家族も貧しいなりに落着きましたので、私の所得は大幅に減りましたが午後五時二十分からの授業に間にあう京都の木工場で働くことにしました。八十四人の木工員という零細の町工場でしたが、工員の一人が機械で手の指を落したのがキッカケで労働組合を作り、私が十八歳で委員長になったまではよかったのですが、テイよくクビになりました。もっとも私はそれまでの二年間に、商店主や工務店など雇用主から二十四回もクビになった体験を持つニヒルで反抗的な少年でしたから、別に悲しみはしませんでしたが。その時、経営者側だった人が私の主張にある程度理解を示したために対立し辞職して自宅で更に小規模の木工仕事を始めましたので、そこで働きながら定時制高校に通ったり、時には一年年長の兄と二人で大工仕事をしたりしておりました。
一九五〇（昭和二十五）年六月に朝鮮戦争が始まり、警察予備隊が出来ることになりますと、兄は満足に三度の食事さえとれない生活に嫌気がさしたらしく、寝床はむろん、食事から鼻紙までついて小遣銭もくれた上に、二年間で当時の金で八万円もの退職金までもらえるという警察予備隊に入ってしまいました。一歳年上のこの兄は、成績劣等の私とはちがって、小学校から中学三年生まで常に学年で一、二番という優等生で、敗戦直前に陸軍幼年学校に合格しながら自宅待機中に敗戦となったという経歴も買われたようです。

私も様々な事情がありまして、その年の夏休み中に上京しまして以後今日まで東京在住となってますが、上京直後も仕事と寝ぐらを転々としました。その度ごとに日本社会のあり方に疑問を持ち、その不公正、不公平さや矛盾に怒りをおぼえましたので、既に充分にニヒリスティックな青年になっておりました私はますます権力と闘う人間になっていたようです。もうズーッと昔に時効になってますので白状しますが、サンフランシスコ講和条約が発効した直後の一九五二（昭和二十七）年五月一日の〝血のメーデー〟の時などは、私たちデモ隊を襲ってきた警官隊に徹底的に最後まで石を投げ続けたものです。私は私なりに、学生運動から労組や政治活動にも、文化運動まで、自分のできることで積極的に参加し、協力してきたつもりです。

一九六〇（昭和三十五）年の安保闘争では、自分のすべてを犠牲にして闘ったその反動かもしれませんが、以後の日本の政党や労組の考え方や、党勢拡大とか自分たちの組織の利益ばかりのための行動に民衆を利用しようとするその最も保守的、官僚的やり方にすっかり愛想をつかしました。そこで、社会変革の運動を続けるためには、まず自分たちの実生活を最低限度食べていけるほどにして、お金や時間に少しはゆとりがなくてはダメだと気づきましたので、自分の仕事に精を出すことにしました。幸いなことにさまざまなそれらの運動で知りあった仲間や友人たちが次々と仕事の紹介や世話をしてくれますので、仕事にアブレることもなくなりました。そういった人間の信頼関係こそが私の財産だと今でも思ってますので、人間関係を大切にしながら常に民衆の側に立つ自分でありたいと心がけているつもりです。

一九六一（昭和三十六）年頃から、これも人間諸関係からですが、建築雑誌などが私が設計・施工した建築物を掲載するようになりますと、写真や設計図の脇にちょっとした説明文やコメント、エッセイめいたものを書くようになりまして、それが契機となりまして次第に〝物書きもどき〟の人間になってしまったようです。一九六二（昭和三十七）年二月には庄建設株式会社という法人を設立したのですが、その時の私は二十九歳でした。少年の頃に飯を食う、あるいは親兄弟に飯を食わせるために同時にいくつかの仕事をする習性になってしまったのでしょうか、私はいまだに〝ナガラ族〟でして、庄建設、影書房、青林舎、シグロと四つの質の異なる会社を経営しながら市民運動の事務局もやっているのですが、一九六八（昭和四十三）年から五年間ほどは建築屋をやりながら新劇のプロデューサーを兼ねてまして、「常陸坊海尊」「かさぶた式部考」などで大阪や静岡県などの地方公演にまで出向いたこともあります。

一九七〇（昭和四十五）年の安保闘争の低滞を目前にして、もはやこの日本では市民運動を高揚させる以外にはないと考えはじめました。丁度その頃、〝陽の当る産業〟とされてきた建設業が不況で仕事がなく閑だったものですから、そんな時にアワくって仕事探しや、金を借りに走り廻るより、〝座して待つ〟にかぎると私は横着をきめこみまして、お客さんのために私たちが造ったマンションの空室を借りまして、会社を定時に出て三カ月位毎夜そこで、今まで読めなかった本を片っ端から読みまくっていたのですが、そのときフト思いついたのが、今日お手元にお配りし、また最初にごらんいただきましたビデオの『告知板物語』でご紹介しました『告知板』という小冊子の発行です。

私の職業柄から、よくお客や知人、友人たちから、売地、売家、貸室から中古の冷蔵庫や机など、さらには猫の仔をもらって下さい、まで、情報提供を求められながら、つい日常の多忙にまぎれて結局は無責任に放ったらかしてきて、後になって、「ああ、それが欲しかったのに、すぐに知らせてくれればよかったのに」などと言われてきた不義理を反省しまして一方的に知らせるミニコミの発行を思いたったのです。『告知板』の創刊は、一九七二（昭和四十七）年一月二十日でした。A5判ワラ半紙の片面にガリ版刷り一ページのお粗末なものでしたが、お客、知人、友人、仕事の仲間たちに一五〇部郵送したら、意外に反響がありましたのでそれに気をよくして、毎月二十日に発送してきたのですが、年と共に情報が増え、また論考やエッセイも掲載するようになりましたのでページ数も増えて、型も次第に変えてきました。二十三年間余を経てしまいました今日ではB5判二十四ページの物を毎月二万三千二百部送っております。こういう過激な内容の印刷物を送りつけると、受取人が周囲から白い眼で見られて生活と出世に不利になるかも知れない人とか、迷惑がりそうだと私が感じた方を除いて、大体知り合った人、住所を知らされた人にはすべてお送りしています。購読料を払いたくない、又は払いたくても払えない人もおられますので、払う払わないはご自由ですが、郵政省という官僚主義の固まりのような非民主的お役所の、第三種郵便物規定というのがありますので、いやでも有料として紙面に値段を印刷せねばなりません。一九七四（昭和四十九）年の秋に一カ月程アメリカ各地を旅行したことがあるのですが、夜になると退屈ですのでテレビをみていて気がついたのですけど、一時間たっても二時間たっても全然コマーシャルのないオペラとか音楽とかの番組があるんです。アメリカにNHKのような半《なか》ば国営放送局みたいなのがあるはずがないので聞いてみましたら、コマーシャルが入ると折角の芸術作品を堪能できないから入れないで、これはいいと思った視聴者が自発的に自分でそのチャンネルの局に送金するんでそれで経営が成立っているというんですね。それぞれある地域だけに放映している小さなローカル放送局だと思いますし、それが本当なのかどうかもわかりませんが、私はなるほどと思いまして、以後は一応一部五十円、年間五百円と値段はつけておりますけど一切請求したりしないことにしております。日本でもそろそろ、良いものには自分の意志で、自分から支払うが、フザケた、イイカゲンなものには一切払わないとか、そういった民衆の一人一人の意識や認識が高まらねばならない時代だし、その民衆一人一人の自主性や主体性が、やがて自分たちが払った税金の使い道を監視する姿勢に変ってくれるといいなあーと私は思っていますが、正直なところ印刷費や郵送料、アルバイト料などは、毎月かなりの金額が必要ですので苦慮しています。

『告知板』の当初は、他人に依頼された物件や物品の情報の無料紹介や、頂いたお便りの中から社会性のあるものをピックアップしまして掲載しておりましたが、ますます堕落腐敗してゆく日本の政治や社会に怒りを募らせまして、数人の仲間で語らって巻頭言を載せるようにしたのは一九七三（昭和四十八）年二月の発行の十一号からでした。市民運動というのはいつもそういうことになりがちですが、最初は活気があっていいのですが回を重ねると次第にさびれてきます。時には、アテにしてた人が〆切の期日までに書いてこなかったりして、発行日がズレこんだりしますので、仕方なく一九七五（昭和五十）年八月の三十九号からは、長期の国外旅行など特別の事情がないかぎり全部自分で巻頭を書くことにしました。そしてその巻頭言の表題を《寸言》としたのは一九七六（昭和五十一）年四月の四十七号からでした。理想的には、より多くの仲間と役割分担しての共同作業でこうした運動を持続させるべきなのですが、現実にはそうはうまくいきませんので、自分のできることは極力自分自身でやるしかないと、子どもの時から私の頭と躰がおぼえていてくれたのでしょうか、何事につけ、うまくゆくなどと考えたことがなく、逆に最悪の事態を考えてから行動する習慣になってしまった私ですから、さして、辛いことも困ることもありませんでした。

そんな『告知板』も今では二七二号を数えておりますが、果して、市民運動などにどれほど役立っているのかはわかりません。ただ毎月たくさん頂いておりますお便りを拝見し、二、三の仲間と共に編集をしてますと、私の主観的自己主張への賛否はともかく、マスコミが取上げてくれない全国の市民運動などの催しや行事の紹介などしたりして、いただいたご意見やお手紙などを掲載してますと、さまざまな反応があることだけはまちがいないように思います。

一九六二（昭和三十七）年に設立しました建設会社では会議を重視しておりましたので毎月二十八日には全体会議を開いておりました。折角職人さんから協力業者まで集まってくるのだから、単なる仕事の打合せ会だけではもったいないと、その終了後に研修会を催して、様々な分野の講師をおまねきしてみんなでお話を伺ったりするようになったのは一九七四（昭和四十九）年一月からです。幸いなことに建築のお客さんの中には、出版社の編集者、写真家、女性史家、映画監督、中国文学者、小説家、評論家、政治思想学者、医師、俳優、建築家、画家、ロシア文学者、音楽家、弁護士、歴史学者、新聞記者などなど著名な方々が多かったものですから、講師にこと欠くことはありませんでした。数十人の私たちの仕事仲間だけで聞くのはもったいないので、中野文化講座と銘打ちまして、どなたでもどーぞと『告知板』誌上で宣伝しましたら多い時には百人を越す参加となることもありました。図書室を作り、談話室をもうけたりしまして、次第に一般市民のたまり場の様相をていしてきましたが、それがつい四、五年前まで続けていました『すぺいす・しょう中野』というフリースペースや、『じんじん』という小さな酒場になってしまったのです。それらの「場づくり」が必然的に人と人との出会いとなり、更に人間諸関係が発展して様々なことをもたらしましたが、その個々の具体的なお話をする時間はありませんので今日は省かせていただきます。

思いがけないことでしたが、農山漁村文化協会、略して農文協という出版社の編集者が、『告知板』の《寸言》を読んでおられたようで、それをまとめて一冊の本にしないかというおさそいをいただきました。その時はまだB5で四ページ、発行部数は三千部ぐらいで、七十号となってましたが、私自身で書いたものはまだ三十数編しかないから量が足りないとおことわりしましたら、他の雑誌や新聞などに書いた書評やエッセイなどを加え、なお原稿が不足なら書き下ろせ、といわれて徹夜を重ねてやっとできたのが『他者と私』という名の私の初めての著作本でした。一九七八（昭和五十三）年六月のことでした。

私が日本に強制送還される時に、中国国民党政府から、一人リュックサック一箇と千円の金以外は、貴金属はもとより、写真や絵画、文字を記したもののすべてを持出し禁止にされましたので、私には過去の資料は何ひとつありません。いつまでも嫌な過去を記憶にとどめているのも辛いことでしたし、かといって、そんな過去にどこまでもこだわり続ける私ですから、この辺りで記しておかなければ次第に風化して忘れてしまうかも知れないという不安も手伝いましたので、今日ここで最初の方でお話しましたようなことを、徹夜を重ねましてこの本に書いたのです。

「内申書裁判」で知られる保坂展人さんも先程申し上げました「中野文化講座」の講師をお願いしたかたの一人でしたが、その時の保坂さんは二十三歳の若さでした。彼の他数人のハタチぐらいの青年たちと一緒に、沖縄の喜納正吉、在日朝鮮人の白竜、他二つのグループの出演で日比谷公会堂を使って「アジアの鼓動」というロックコンサートをやりたいということで若者たちと一緒に開催したのは一九八〇（昭和五十五）年二月でしたが、ボリュームを目一杯上げてガンガンと鳴響かせ会場の床がビリビリと振動する開演前のリハーサルの時から私は東京都の管理役人に呼び出され、ボリュームを下げろとさんざん叱られたものでした。終演近くなると満席の若者たちはドッとかぶりつきに押寄せ、舞台にも上ってチャンプルーズ（喜納昌吉のバンド）と一緒に踊り出すものですから、開演中から終演までに私は数回も呼び出されてシボラレましたが、私はボリュームを下げろなどとは遂に一度も若者たちに指示できませんでした。ロックはクラシック音楽とは違いますから、じっと椅子にお行儀よく座って見たり、聞いたりしたりしろ、という方が無理なのです。しかし、東京都の職員さんがいうのも当然なのです。日比谷公会堂の階下は時事通信社で、十年前にロックコンサートをやって、そのバイブレーションで通信社のテレックスが壊れて情報が入らなくなったことがあると言うんですから。それでも私は叱られる方を選んだのです。

そんなことから同じ一九八〇（昭和五十五）年八月八日に、東京のゴミを象徴する「夢の島」で、生命の祭典「海鬼祭《うみおに》」をやろうということになり保坂さん、有光健さん他大勢の若者たちと一緒に開催しました。先の出演者の他に加藤登紀子さんほか十数組のバンドやグループが参加して「夢の島コロシアム」は大変にぎわいましたが、それを主催した若者たちを中心に「東京のゴミを生かす会」が誕生したのです。それらの一連の市民運動への人集めや資金、カンパの要請に『告知板』の紙面を利用したことはいうまでもありません。

一九七九（昭和五十四）年四月に創刊しました月刊誌『記録』は、当時朝日新聞編集委員だった、現在は『金曜日』という週刊誌を出しておられます本多勝一さんや、当時出版社「未来社」の編集長だった松本昌次さんたちと一緒にはじめた運動でした。ますます腐蝕してゆく日本の政治や社会を少しでも正すためには、記録の方法で民衆に事実や真実を伝えたいと願ったからですが、以後十三年余の間、一九九二（平成四）年十月の一六三号まで続けたところで、周辺の諸条件に加えて私の肉体がガンに冒されている可能性ありと感じておりましたので、次々と少しずつ仕事を縮小しまして、身辺の整理をはじめ、『記録』も最悪の事態を想定しますと休刊をせざるをえなくなりました。

予想した通り、やはり去年（一九九三）の冬になりますとスイ臓炎ということで三カ月ほどの入院生活をおくりましたし、今年の正月には白内障とかで二週間ほどまた入院しましたが、日本の若者たちも捨てたものではなく、幾人もの、私の二人の子どもより年少の三十歳代や二十歳代の青年が病院にまで現われまして、執拗に月刊誌『記録』を自分たちの手で再刊したいと言うのです。雑誌づくりの資金繰りや、購読者の獲得の苦労を身に沁みて知っているつもりの私ですから、やめた方がよいと話し、あきらめさせるように努めたのですが。

故・井上光晴さんは、松本昌次さんと私の三十数年来の友人ですから、私たちは影書房から井上光晴追悼集『狼火はいまだあがらず』を刊行いたしましたが、いま渋谷のユーロスペイスで上映中で話題になってます『全身小説家』という記録映画もあります。その井上光晴さんの個人編集で、一九八六（昭和六十一）年十月に創刊し、一九八九（昭和六十四）年七月に十号で完結させました第三次季刊『辺境』を刊行し続けることが如何に大変だったかなどを話したりしまして、『記録』の再刊を思いとどまらせようとしたのですが、遂に一九九四年の七月号を一六四号として再出発して、いま一九九五年二月号、一七一号まで刊行している二十歳代を主とする若者たちが現にいるのですから、私は若者も捨てたものではないといわざるをえません。

一九八一（昭和五十六）年九月十五日の敬老の日でしたが、日本政府の黒いゆ着の「政治決着」、きたない取引きを撤回して金大中氏の「原状回復」をはかれ！　ということで、中野区の私たち市民運動と、社会党、共産党、当時極左と呼ばれていた人たちから、朝鮮総聯、韓民統までが結束した「金大中氏救出中野区連絡会」の要請を受けて、鈴木知事支配下にあった東京のど真中の空地、東京都が管理していた中野駅北口広場で、「民主と連帯の中野野外《くさのね》コンサート」をやろうといい出したのも当時の若者たちでした。ホン・ヨンウンさん、岡本民さんだのが大阪から、南修治さんなどが愛知県や岐阜県から、沖縄からも知念良吉さんなどが出演して、小室等さんも以後ドシャブリの雨の中でも来て歌ってくれたのを、私はよくおぼえていますが、以来十三年間に、次第にコンサートの名称や主催者、出演者などのメンバーは若がえり、変ってはいても、いまだにそれが続けられていることも、私が若者たちに賛辞を贈ることの現実的理由のひとつです。

「中国残留孤児」「中国残留婦人」問題から「従軍慰安婦」問題などなど、日本政府もマスコミも知っていながら長い年月報道しなかったことを、さまざまな市民運動のミニコミなどがネットワークを作って紹介しあい、人々に知らせる努力を根気よく執拗にやってきたからこそ少しは前進したのだと私は思っています。そして、どんな方法でも手法でもいいから、あらゆるメディアを駆使して、少しでも人びとに真実や経験を知らせる努力をすることこそが大人としての当然の責務だと私は思っています。

一連の水俣病の記録映画で皆さんもご存知だと思いますが、記録映像作家の土本典昭さんは、実は私が二十歳《はたち》の頃、上京して飯も喰えないときに、東大の三太郎の一人といわれていた平野義太郎教授が参議院議員に立候補したときの選対責任者であり、私は明日の糧を得るためのアルバイト選挙運動員の一人だったのです。いまでは、私の方が青林舎、シグロ、影書房の経営者でプロデューサーですから、ディレクターより権限を持つ男になっていますが、依然として今日でも彼が私の教師であることに変わりはありません。

実のところ、昔選挙参謀だった土本さんが岩波映画の監督を経て記録映画の監督になっていたなどということは、水俣の映画を見るまでは私は全く知らなかったのです。知って以後の今日までなお私は彼の仕事に協力したり、支援したり、共に記録映画づくりをしてきたりして来たのですが、そんなことから私は次第に映像の世界に深入りする人間となってしまったとも言えます。

一九八一（昭和五十六）年は国連が定めた「国際障害者年」でした。それを契機に、西山正啓という土本さんの助監督だった男が私に、スウェーデンと日本の身体障害者団体の交流をテーマとした記録映画を作りたいので、私にプロデュースしろ、という話を持ち込んできました。私は、私が一体何をすればよいのかもよく理解しないまま、その役割を引受けたのですが、それがいつの間にか私が直接に記録映像づくりの世界に深入りするキッカケになったのですから、妙なものです。一九八六（昭和六十一）年には韓国人の画家、李応魯《イウンノ》・朴仁景《パクインギョン》夫妻の来日記録映画『ウリナラ』を作りました。この李さんはドイツにいた現代音楽の巨匠・尹伊桑《ユンイサン》さんと共に東ベルリン事件で朴正熙《パクチョンヒ》に韓国まで拉致され投獄された人です。

　戦後八年間公選制だった日本の教育委員会の委員を、国会内に五百人もの警官隊を導入して強行採決し、任命制にしたのが一九五六（昭和三十一）年六月でした。中野区は、一九七二年から八年間ほどをかけて審議し、一九七九（昭和五十四）年に公布した準公選制のもと、十二年間に四回の区民投票による準公選を通して教育を区民の身近なものとしてきたのですが、去年（一九九三年）の暮から今年にかけての中野区議会でついにつぶされてしまいました。その二回目の区民投票までの八年間を、私のところの記録社で電話番をしていた訳ですが、第三回目の投票のとき、私に何の挨拶もなくいきなり事務局を中野区教組に移したりしております。そんなことから一九八九（昭和六十四）年に『世直し準公選』の映画を作り、今年は『準公選はこうしてつぶされた』のビデオを作ったのです。

　アフガニスタン内戦の最中に記録映画『よみがえれカレーズ』を土本典昭監督と共に制作したのも一九八九（昭和六十四）年でした。『告知板』が二百号になったので、すすめられてそれをまとめ、『悪態の精神』という単行本にしました。その時はまさか二年後に出版してくれた影書房の経営まで私がやらされる破目になろうとは思いもしませんでしたが、一九九〇（平成二）年一月のことでした。そんなこともありまして、記録社を店じまいして出版・映画・ビデオの会社を影書房にまとめたのですが、それでもまだ、青林舎、庄建設、シグロと四つの赤字会社の重荷を背負わされ、毎日あえぎながら生きております。

事実や真実を語り広める民衆の側に立った運動を押しつぶすには、運動や活動グループを経済的に破たんさせ、個人生活が財政的にできなくなるように追込むにかぎると知る為政者や権力者共の術中にはまるのはシャクですから、私はバランス感覚のある運動を進めて行かなくてはならないと思っております。運動仲間や、参加者、質の異なる賛同者、支援者、協力者たちをただ自分たちの運動の目的のためにお金のこと等で一時的に利用するだけで、嘘をいったりダマシたり、不義理をしたのでは市民運動の盛り上りはみられないのではないでしょうか。

自分たちの考え方や精神や言ったり訴えたりしていることがどんなに正しくても、自分たちの生活だけを守るために誠実に生きている普通の人たちや民衆の支持がなくては社会や政治の変革など望むべくもないと私は思うからです。大病を患った後の肉体とか、六十三歳という年齢とかもありますが、もはや経済的にも限界に達してますので『告知板』もいつ休刊や廃刊に追い込まれるかわかりませんし、私が関係する会社がいつ倒産しても不思議ではありません。なぜなら、金の切れ目が縁の切れ目、それがこの資本主義社会なのですから。

市民運動とて同じことです。人間社会で何か不合理な現象が起きたりしますと、後追いをして運動を起こしては消え、消えてはまた違うテーマの運動を同じ人たちが起す、というパターンの繰返しを戦後五十年たった今日、根本から見なおした方がいいように私には思えてなりません。

ここで突然話を戻しますが、一五〇万人以上はいたと思われるかつての「在満邦人」で、自分たちが被害者となったズーッと何年も前から他民族への加害者だった日本と日本人であったことを意識し、認識している人たちが一体幾人いることでしょうか。かつての「在満邦人」でその土地の日本人の小、中学校卒業生、私もその一人ですが、私たちはいま日本全国に散って暮してまして、その殆どの人が今や停年退職して年金生活をおくっています。最低の生活はできるからか、日本各地に場所を変えまして毎年必ず同窓会や同級会が開催されてます。転校したりしてますので私などは年に四回は出席せねばなりません。もう学校はありませんし会員は年々死亡し減少する一方ですから、その淋しさやなつかしみはわかりますが、被害者としての自分の過去を語る人はいても、加害者側の人間だったことの己の記憶を口にする人は殆どいないのです。かつての母校の校歌や応援歌はともかく、「満洲国国歌」まで印刷されているプログラムで全員で合唱するという無神経さが、私が日本に来て数年経ってからつい何年か前まで現にありました。さすがに今日ではそれはありませんが、「当時は良かった、面白かった、楽しかった」というノスタルジアの交歓でしかありません。日本政府と軍の保護の下で、他民族たちの何倍もの賃金や報酬を得られた日本人の植民地での生活は確かに良かったに違いないが、その犠牲となった何千万人ものアジアの人びとへ思いをはせることさえしない同窓会への出席を、私は幾度も拒否したものでした。

子どもたちが殺されたり、敵の弾よけに利用されることはいまでもありますが、子どもたちが戦争を起こした試しはありません。かつて大人たちが起こした戦争のために私の人生は狂わされました。今では私たち大人が不甲斐ないために、こんなにくだらない、危険が一杯の人間社会をつくってしまっています。地球上のどこの国の軍隊でも同じだと私は思うのですが、軍隊というのは、その時々の政権や為政者を守るもので、決して自国民や民衆の生命を守るものではないと、自分の体験から確信しています。

朝鮮や台湾の人たちがかつて日本兵として戦争にかり出され、命令に従っただけなのにB・C級戦犯として殺されたり、強制連行され樺太に置き去りにされたりしながら、半世紀もたっているのに、何の謝罪も賠償金も、年金も補償もしていないなどは世界に恥ずべき日本政府の無責任というほかありません。同じ敗戦国だったドイツはいち早く外国人にまでナチス・ドイツの尻拭いをしているのに、日本は逆に軍人恩給だの、勲章バラマキなど、かつての戦争協力者の自国民にだけ金を出しながら、他国の戦争被害者に何もしないのですから、これからを生きる日本の若者たちは国際社会との対応でも大変だろうと申しわけない思いがしてなりません。

最近では『あらかわ』とか『水からの速達』などの記録映画のプロデュースをしたり、日本国憲法の前文・第九条の理念や精神を世界に拡げる運動などで『いま第九条を！』とか『決めるのは我々だ』『戦争を教えて下さい』の沖縄編と満洲編などのビデオを作っています。

ドイツのハンブルクにオッテンゼンという街がありまして、東京の墨田区に向島という街がありますがこの二つの街が、町工場があるとか、下町風のにおいがする点などで似ているといいますか、共通点があるので街ぐるみの交流をはじめたので、それを今映画にしようということでドイツの方と日本の側と両方でそれぞれに撮影中なのですが、ラッシュと言いまして、スタッフが撮影してきました何万フィートというフィルムを、朝から夜中まで幾日もかかって、辛抱強く観て自分なりの意見を言うのもプロデューサーの私の仕事の一部なのです。

そこで気づいたことなのですが、ドイツのオッテンゼンではドイツ人とトルコ人の子供を半数ずつ入園させて、ドイツ語とトルコ語の二カ国語で教える市民運動で住民たちが確保した幼稚園とか、荒地のままで子どもたちが、自分たちで勝手に小屋を造ったり、土を掘ったり、豚を飼ったりしている〝子どもの広場〟、つまり遊園地とかがあるのに、日本には向島だけでなく、日本のどこにもそれが無いということです。

砂場とスベリ台とブランコなど三種の神器が必ずなくてはならない遊園地の規則とかで縛られたコチンコチンの役所の大人たちが考えた遊び場を、役人の大人が勝手に作ってしまって、子どもたちに押しつけているのが従来からの日本の現状です。これでは想像力も理解力も独立心も、主体性や自主性も育つわけがありません。市民・住民の大人たちの意見や考えさえ少しも反映されない、行政からのお仕着せにあまんじて盲従している納税者というのは、資本主義下で民主主義を標榜する先進諸国中ではおそらく日本だけではないかと思うぐらい情けないことです。ドイツでは、土地とか建物とか、人件費とかは行政が出し、運営はすべて市民がやるのが当り前になっているようです。

市民が発想し、市民たちで考え、議論して自分たちの街づくりをしたり、生活環境を市民の手で作り出し、行政は予算をたて施設を市民に提供するだけ、運営は市民でしていく。日本もまずそのあたりから住民自治を押し進める市民運動を根気よく執拗に積み重ねなければならないと思うのです。

〝市民参加の運動〟とか、〝市民参加の行政〟とかの政治ではなくて〝市民中心、行政参加の運動〟〝市民のための行政・政治〟に実際に改革することこそが、世界に先駆けて人類の未来を指示した日本国憲法を遵守し、地球上のどの国にでも通用する正しい民主主義のあり方ではないかと思います。

星の時間

庄　幸司郎

1943年「奉天」の写真館で、前列左から母波奈、四女都志子、六男満寿次、著者、
後列左から父捨吉、三女康子、三男孝、次男忠、四男博茂

「星の時間」のタイトルで書かれた六六篇は、「まえがき」でもふれたように第二次・月刊誌『記録』(アストラ発行)一九九四年七月号(通巻一六四号)から、二〇〇〇年二月号(通巻二三一号)まで、六六回(途中二回休載)にわたって連載され、『追悼　庄幸司郎』に全編が収録された。なお、「イフ(ＩＦ)——はじめに」をのぞく初めの七編は、『原郷の「満洲」』にも収められた。六六回目、一月二〇日執筆の「「嵐ヶ丘」異変」が絶筆となった。

イフ（ＩＦ）――はじめに

歴史――。それが人類の総てを左右する大きなものであれ、無名のどこにも記録をとどめない小さな個人のものであれ、それに対して〝イフ（ＩＦ）〟、もしナニナニならば、もしあの時こうであったらどうなったろうと問いかけることは、事態がすでに過去に刻印された以上、もはやあり得ないことだろう。過ぎ去ったことは、現実にはどんなに歯ぎしりしてみても、決してとり返すことはできない。

〝クレオパトラの鼻〟の比喩などでよくいわれることだが、現代の例でいえば、もしヒットラーがオーストリア税関吏の子として生まれなければ、もしスターリンがグルジアの靴職人を父親としなければ、あのユダヤ人の大量虐殺はなく、シベリアの収容所群島はなかったかどうか。彼等がたとえ存在しなかったとしても、いくらか形や質は異なったにせよ、やはり歴史はこのように歩んで来たのだろうか。世界の近代史を問うまでもなく、この日本が、あなたが、私が、過去についてもし……と問いかけることは、果たして無意味なことであろうか。

手元に、その本がないのでウロ覚えだが、たしかアイルランドの劇作家の作品だったと思うが、『イフ』という戯曲を読んだ記憶がある。ある日、主人公がいつも来る電車に乗り遅れたと仮定すると、主人公の運命は予想もしない方向に展開し、最後にはある小さな島の王様になっているという、荒唐無稽な話だったと思う。

これをドラマに過ぎないというなかれ、実際のところ、私たちは、極端にいえば、日々刻々、〝イフ〟に直面しているのだ。もし、今日ナニナニをするならば、あるいはしなければ、もし、今日、誰々と出会うならば、あるいは会わなければ……といったさまざまな運命の瞬間の真只中を、私たちは生きているのではないだろうか。ごく手近な例では、もしアストラの中山徹・荻太君たちとの出会いがなかったら、月刊誌『記録』のかくも早き再刊はなかったかもしれない。

往々にして〝イフ〟は、過去の決定的瞬間をふりかえる時に使われる。しかし、それは現在に、そして未来に生きる私たちへの教訓でもある。もし、一人のヒットラー、一人のスターリンがいなかったらと仮定することは、そのような存在を許したことへの反省、二度と再び、そういう時代を再来させないための検証として、確認として、役に立つだろう。

もし、それらの反省、検証、確認などを怠るならば、また〝歴史はくりかえす〟のである。一個の小さな自分史においても同じだろう。現に今、世界の各所で、歴史はくりかえされはじめてはいないだろうか。個人の集積体としての人間社会で、日々刻々の愚かな選択防止のために、ささやかながら、過去のさまざまな瞬間の記憶を改めて呼びおこしてみたいものである。

（五月三〇日）

足をふまれて仕事にありつく

「満洲」に生まれ育った私が、「引揚者」として日本に来たのは一九四六年の秋だったが、父親の決断で、京都市左京区高野にあった、にわか造りの引揚者寮に入らず、親戚の家を頼ったのが間違いのもとだった。羽振りのよい頃の父のコネで「渡満」してきた親戚の子弟たちの面倒をよくみてやったという自負心あってのことらしかったが、落ちぶれた文無し一家となると親戚は薄情で邪険だった。嬢さん坊っちゃん育ちの姉や兄が、住込店員などになって出ていった後も、両親を含む六人は残った。大陸での生活に全てを賭けてきた父に敗戦の衝撃は余りにも強く、やがて精神に異常をきたし、到底一家を養うなど無理だった。

続々と「復員」してくるいっぱしの大人でも就職できず、失業者が巷にあふれていたから、旧制中学中退で一〇代半ばの私と兄には肉体労働の日銭稼ぎしか道はない。ヤミ米の「かつぎ屋」や「土方」、神戸まで通って「沖仲士」などもしたが、知人も友人もいない生きざまのみじめさを思い知らされたものである。

「標準語」を使う私は、「あんた、田舎どこや?」といわれて、日本は異国なのだとさえ感じた。

わずかばかりの配給米を一升三八〇円のヤミ値で売って、家族の空腹感を満たすために安価なサツマイモや脱脂大豆粉に代えねばならない。大工見習の職にありつき、小道具屋を漁って買った大工道具をズダ袋に入れて、大阪の建築現場に通う私の日当は大人の半分で一五〇円。三日間ほどは水腹《みずばら》だけだった一一月のある夜、いつものように超満員すし詰めの京阪電車の中で、街で拾ったチビた草履ばきの足を皮靴でふんづけられた。電車が大きく揺れたはずみとはいえ、無性に腹が立った私は「馬鹿野郎！　痛いじゃないか！」ととっさに怒鳴っていた。

軍服姿が多い人々の中で、珍しく背広着の中年男がすぐに謝ったが、私の右親指の爪は血がにじんでいた。罪の意識からか、極貧少年に同情してかは判らないが、男はさかんに私に話しかけ、次の駅で途中下車して「赤チン」を買ってくれた上に、駅前のヤミ市場で空腹を満たせという。シメタとばかりに丼を幾つか空にしながら心の中で思ったものだ。「これからは喰えなくなったらわざと足を踏まれようか?」と。

三条駅での別れの際に名刺をくれて一度遊びにおいでといわれた。幾日かたって仕事にアブレて行くあてもないので吉田山を訪ねてみたら、古い門構えと広い庭の豪邸で、懐かしいジャムやバター付きのトーストが出され、仕事の紹介までしてくれた。それが以後の生計に役立ち、日本で最初の人間関係作りとなった。

幼少期を失った男の習癖

私が「大連」（現旅大市）で生まれたのが一九三一（昭和六）年。それから一年足らずで父が事業に失敗したため、「新京」（現長春市）郊外の寛城子という田舎に夜逃げした。「七人の子供と夫婦のホンノ身の廻り品だけ持って、あとは全部ホカシてきた」と、今は亡き母がよく私たち兄弟姉妹にグチッていたものだった。

敗戦一年後の一九四六（昭和二一）年秋、「満洲」からの「引揚げ」時は一四歳だった私の唯一の財産は、手製の大型リュックサック。度重なるソ連兵の掠奪、横暴を極めてきた日本人に対する現地住民の報復襲撃を受け、なお残っていた家財道具の売喰い生活で、めぼしいものはなかったが、祖母や母の空の信玄袋をほぐして作ったリュックの中には――それが結果としては正解で命拾いとなったのだが――缶詰、カンパン等食料品、他に一対の学生服と数着の下着だけ。貴金属はもとより携帯金一人一〇〇〇円以外は絵画、写真や日記まで文字を記したもの一切を持出し禁止とされたため、リュックを二重底にして旧制中学の在学証明書を油紙に包み隠し、飲料水にもこと欠きながらやっとの思いで佐世保港に上陸できた。

父の生まれ故郷に近い京都から早朝五時起きで大阪や神戸に通うなど、日本に来てからさまざまな職を転々とした三年間だった。チビた鉛筆や紙片くらいは拾ってポケットにあっても読み書きなどには無縁の肉体労働で、深夜に帰って煎餅布団にバタンキュー、満足に家族と会話を交える時間さえない毎日だった。

物資欠乏下でタブロイド判一枚だった新聞をたまに拾っては読んだが、すぐに切って手でもみほぐし、便所紙にするのがオチだった。停電で暗闇の街を手の甲に息を吹きかけながら塒《ねぐら》に急ぎ、ローソクが減るのを気づかいながらかきこむ米粒がほとんど無い雑炊。越年資金一二〇〇～一五〇〇円を要求して、マッカーサーに禁止された幻のゼネラルストライキ（一九四七年の二・一スト）で日本中が騒然となったのを私は忘れはしない。

一九五〇（昭和二五）年六月二五日に始まる朝鮮戦争の一年ほど前から、何としても夜間高校に通いたい一念から、古本屋で求めたせっかくのコンサイス英和辞典まで破いてシケモク（吸殻を集めた手製の煙草）作り用紙とし、ラッキーストライクや光《ひかり》の空箱に詰めて街角で立売りしたものだった。その夏上京してからも四畳半の部屋代が払えなくなると三畳へと移転せねばならず、その都度過去の思い出の数々を失ってきた。

そんな体験から己の痕跡にこだわる心情が高じたのだろうか、定着してからは日誌、来信、雑書類、発信控えと分けてファイルする習癖が身についた。場所を占め重くて邪魔だと今でもカミサンに叱られる所以なのだが……。

方向づけられた一七歳の生きかた

足を踏まれて知りあった吉田山の藤野氏からハガキが来たので出向いたら、三〇歳代半ばと見える実直そうな職人風の松本氏を紹介された。型通りの挨拶をすませると、彼は開口一番私に、「小さな店舗付きの二階建て住宅です」と方眼紙に書いた平面略図を机の上に置いた。その唐突さに私はしばしポカーンとした。

確かに私は、一歳年長の兄と共に父がどこかで見つけてきた家屋や門塀などの修繕などをしてきたし、大工の徒弟として鋸や鉋、ノミなども使いこなせはしたが、一年足らずの修業では図板（現場で使う板に描いた図面）も書けないし、墨付け（墨糸、墨刺で木材面などに線や印をつける）もできないと言うと、二人は口をそろえて半端小僧の私を百も承知の上だと言う。

世間並みのバラック建ての半分程の予算しかないから一人前の大工に話を持って行けない、屋根と側壁と店さえあれば他はどうでも良いのだと言う。

中国大陸で長年、土建会社などの技師や経営をしてきた父には大工仕事は無理で、気位だけ高いアルコール中毒症に陥っていたが、知識が少しは役立つだろう。また、父より一二歳年長の伯父の友次郎は、「引揚げ」までの数十年間を「支那浪人」気取りで過ごした人だが、代々の半農半工の御所の営繕係の宮大工として若い頃働いていたから、「昔取った杵柄」を二人で教わればなんとかできぬこともあるまいと兄と話し合い、古本屋で『大工つぼかね術』という本を買い求めたりした。

柱や桁は杉の二寸五分、垂木《たるき》や貫《ぬき》の寸法も極力細く小さくして、七一歳の叔父に手ほどきを受けながら何とか上棟までこぎつけたのだが、一九四八（昭和二三）年六月二八日に福井地震（死者三八九五人、負傷者二万二二〇三人、家屋全壊三六一八四、半壊一万一八一六、家屋焼失三八五一）が起こると、父と叔父は儲け仕事にありつこうと松本氏の中間金を持ったまま突然失踪してしまった。

物質窮乏の折で木材、トタン板、釘、金具に至るまで配給の統制下にあり、ヤミ資材での工事だから、施主に言えない身内の破廉恥な行為に兄と私は忽ち困り果てたのだった。

夜明け前から北山に行き、山腹まで山車を引き上げて伐採された樹木を積み込み、急斜面を滑り下ろす危険を冒して金の穴埋めをしたものだ。

工期が著しく遅れたのも、その荒稼ぎのためだが、稼ぎ時の真夏の開店に間に合わないと、温厚な松本氏がカンカンになって怒った姿を昨日のことのように私は今でも鮮明に思い起す。

一九五〇（昭和二五）年夏、私が上京してからの何年間かは忘れることもできたが、新幹線で京都に気楽に行けるようになってからは、行く度ごとに、元大徳寺前市電停留所の、間口二間、奥行き五間の、「松本アイスキャンデー店」をそっと外から眺めては、一七歳当時の感慨にふけったものだった。

今ではその跡形もないが、それでもなお私は時として思い出し複雑な感情にかられる。

「済南事件」と「斎《ひとし》の事変」

かなり以前に必要あって戸籍謄本を取り寄せてみたら、長姉恵美子の欄に「大正八年拾月参拾日受付入籍領事吉田茂」とあるので、元首相も当時は中国山東省済南市の領事だったのかと意外に思えたが、私の親はそこで三人の女児の後に長男を生み、地名にちなんで斎《ひとし》と命名したという。

初めての男児で、寵愛したが、生来病弱で、耳・鼻・眼にも障害があった。その後五男坊の私まで連続して男だったからか、長兄は親から次第に疎んじられ、私が物心ついた頃には他人の面前でも、惣領の甚六の無能を嘆き、無気力をなじり叱る父の姿があった。

中学にも入れてもらえずに父の土建会社を手伝わされても斎兄は従順だったが、日本の敗戦色が濃くなって徴用され軍属となった。

孫文以来、「四度目の北伐」（一九二八＝昭和三年四月）を、イギリス・アメリカなどの支援で蔣介石が始めた時、済南居留日本人（約二〇〇〇人）保護を理由に、前年に次いで再び山東出兵をし、日中両軍が交戦（済南事件）した。その時小学生だった姉たちの話からでも、言いがかりをつけたのは日本で、明らかな内政干渉だったとわかる。張作霖爆殺などで七月には田中義一内閣が総辞職した。

今もなお、己の利権をもくろむ先進大国はそのエゴから、武器などを売りつけて同国人同士を戦わせる人類最低・最悪の愚行を地球上の各地で繰り返している。

それから一八年を経て、「引揚」最初の住居は京都の嵐電《らんでん》龍安寺道《りょうあんじみち》駅から近い、伯父の娘と父の実姉が住む二軒長屋の一隅だった。従姉妹のみいちゃんと伯母のお幸さんを一間に、残る一間を私たち七人で占拠する生活は、遅れて引揚げた伯父の帰国で終局を迎えた。

西陣で薪炭業をする次に越した二階の八畳間は、かつて父が「満洲」で面倒を見た父の甥、新井信一の親・信之助の家だが、そこに入れてもらった。

一九二四（大一三）年生まれの兄斎は、東向日町（現向日市）の工場通いで給料の全てを母に渡していた。いくら働いても米粒を口にできぬ毎日と、アルコール中毒症の父に罵倒されるのに反発して自暴自棄となり、幾度か警察に留置された。煎餅蒲団に兄と私がくるまって眠るのが、斎兄を警察のブタ箱から身元引き受けしてきた夜だけとなってしまった。

斎兄が、博打に負けて下着まで剝がされ、ボロのズボンと上衣一枚だけで帰ってきた真冬、信之助夫人のおみつさんが「斎さんに狐がついている」から祈禱で追い払うと巫女を呼び、神託と称して兄の両手両足を縄で縛って屋根裏の納戸に押し込んだ。夜中秘かに私の食いブチの蒸芋を差し入れたりはしたが、居候の身では何も言えなかった。

翌朝斎兄は蒸発してしまった。物資欠乏の時代に貴重だったビールと焼酎瓶の王冠（栓）は、そのまま、錐《きり》で穴をあけ液体だけを空にしていたのが発覚し、おみつさんの怒りから、私たち一家はねぐらを失うことになった。それは一九四八（昭二三）年早春の出来事だった。

「神風特攻隊」の呪縛を解かれた少年の孤独

半世紀以前、日本が軍国主義一色に塗りつぶされた時代の青少年の憧れは、純白の海軍士官制服の腰に牛蒡《ごぼう》剣を吊ったカッコイイ「海兵」（旧海軍兵学校）か「陸士」（旧陸軍士官学校）だった。「在満洲」で最も古い日本人中学だった「奉天一中」の私の先輩たちの多くが、一高（旧第一高等学校）や帝大（旧国立大学・現東大等）に進学していたが、敗戦色が濃厚になるにつれ真実を知らされていない若者たちはこぞって軍関係の学校を志願した。

一九四二（昭和一七）年に南方の日本占領地のほとんどを視察して帰った父が、酔って口走る「日本敗戦説」の影響もあったかも知れないが、当時は家庭でもこの戦争を「狂気の沙汰」としていたので、何の思想もなく本能的に「死」を恐れた臆病な私は、いくら上級生に殴られても「旧陸軍幼年学校」など行く気にもならなかった。一九二八（昭和三）年生まれで三歳年長の孝兄は、「奉天工業」在学中に親に無断で「予科練」（海軍飛行予科練習生）を受験して、四国の松山から宇和島の「神風特攻隊」を志願したのだが、「赤とんぼ」（訓練用複葉機）さえないまま日本は無条件降伏した。

兄弟姉妹十人の総てが中国で生まれ育ったので、唯一人「内地」で除隊して途方に暮れた孝兄の頭には帰る所は本籍地しかなかった。丹波山国村を訪ね、父の長姉の夫、新井信吉宅に居候したのだが、「満洲」で私達が全滅したと信じた一七歳の少年は、仏壇前に座り込んだまま泣き明かす毎日だったという。

猫の額ほどの草深い山村で生活を送っていた伯母夫婦は手を焼き、京都で古着や雑貨屋などを手広く商っていた長男の源一郎に兄を託した。孤独に籠り続けた彼の処遇に困って体よく追っ払ったらしい。一年ほど後に一家で京都に「引揚げ」た時、兄は滋賀県の坂本から小山を二つ越した比叡山の安《あん》楽律院《らくりついん》手前の飯室谷《いむろだに》で、復員軍人仲間と開拓団にいた。極度の食糧難に加えて稼ぎのない私たちは、陸稲、さつま芋、野菜などの栽培をしていた兄たちには大変助けられたものだった。

そして、アルコール依存症の父との生活を嫌がった母は、一三歳と一〇歳だった妹と弟を連れて孝兄の寺の納屋に移り住んだ。兄の間拓団仲間たちは次第に退団し、最後まで残った境《さかい》さんまで去っていった。島崎藤村などの文学に傾倒していた孝兄が、よく幼い男児連れで里の坂本から通って兄の身辺の面倒をみていた女性を、私にはどう見てもそうとは思えないのだが、田中絹代に似ているといって一緒になるという。

小説「破戒」の感動からかと思ったが、父の親族たちの猛反対にあった。乞食同然の私たち一家の誰が何をしようと一向にかまわないはずなのにと、血や家系にこだわる日本人の因習を知ってビックリしたものだ。

鍬をふるい、肥桶をかつぎ、芋畑の番小屋で幾晩も猪の出現を気づかう孝兄の手伝いをしたが、この苦労も戦争の故である。いま、仕向けられたムードの中で事実を知らされぬままに、自らと数多の人びとの生命を粗末にする再びの愚だけは冒して欲しくないと願っている。

お人好し姉ちゃんの苦悩

かつての日本の植民地「満洲」の一角、吉林市の公共施設などの造営工事を手がけていた土建会社の経営者で、「満洲土建協会」の役員もしていた私の父は、店じまいして「奉天」（現瀋陽）に移転して閑職にあった一九四二（昭一七）年、太平洋戦争で破竹の勢いだった軍の要請で日本の占領地の殆どを視察し終えて帰ってきた。

以後の父は日本敗戦説を唱えはじめ、何度も憲兵隊に引っ張られたりしていた。次第に酒の量が増えて実際に日本が負けた時にはすっかりアルコール依存症患者になっていた。日本に来てからの父は放浪癖も加わった精神障害者になっていたが、家族は誰も気づかなかった。その日の餌《えさ》にさえ事欠く無一物の老人が、過去の栄光を語り、長年の経験からいっぱしの論理と巧みな話術で他人を騙すので、そのツケがいつも私に廻ってくるのだからたまったものではなかった。

父の病が初期の一九四八（昭二三）年のある日、父は二八歳の次女須恵子姉の結婚話を持出した。お世辞にも美人と言えない姉だが、思いやりがあり、親切で面倒見の良い姉のことを私たちはお人好しの姉と言っていた。相手は保坂という琵琶湖東岸の大農家の一人息子で母と二人きりで暮らしていて、妻を亡くしたので後妻に、ということだった。お人好しの姉は父親のいいなりに嫁にいってしまった。

金も食糧もなく、少しでも米粒が入った雑炊が食えるのは四日間に一度位という私たち一家にとって、一人でも口減《べら》しできるのはありがたかったし、口にこそしなかったが、相手が大農家なら闇米の少し位はもらえるかも知れぬと誰もが期待した。ところが三カ月も経つと保坂親子と姉の三人は、比叡山の裾に住む孝兄と母と弟妹たちの飯室谷から少し山を登った安楽律院の納屋に移住していた。

心配して訪ねた私に、お人好しの姉は夫唱婦随で、にこにこしながら「かまへん、貧乏暮しにはすっかり慣れたさかいな」といって、夫と姑に尽していた。そのまた三カ月後には姉は右足を引きずりながら舞い戻ってきて保坂と離婚した。彼は梅毒を姉に移したのだ。

博打や女遊びで田畑を失った保坂は、父の誇大妄想の話を真《ま》に受けて、儲け話への便乗を考えたらしく、父は父で保坂からの結納金で酒を買い、小遣銭に使ってしまったのだった。そのことを私が知ったのは後のことだった。それが、極端に私に冷たかった母親にかわって育ててくれた一一歳年長の須恵子姉を七四歳の今日までなお私の扶養家族としている所以なのだ。

「残留……」ではない「置去り……」「戦争難民」なのだ

上から三人が姉で、八番目の私の下に妹と弟がいる十人きょうだいの中で四人が女性なのだが、嫁いだ長姉は吉林市で、予科練に行った三男の兄は四国で日本の敗戦を迎えている。「奉天」（現瀋陽）での一家では、一九二三（大正一二）年生まれで二二歳だった三女の姉康子と二四歳の次女須恵子は、ソ連兵などから狙われる格好のターゲットだった。

二階建て四戸アパートの一階片方に私たちが住い、他の三戸を貸していたらしい父が直上階を開拓団からの避難民たちに提供した。チフスやコレラで寝込み、死んでゆくその同胞たちを追い出して入ったソ連軍将校は日本人女性と同棲していた。ソ連軍撤退後に入居したのは便衣隊とかパルチザンと呼ぶ私服で武器を携帯する人民解放軍数人の兵士だったが、私たちが日本に送還される間近の一九四六年春に突然姿を消した。その後に国府軍兵士たちが入ってきた。

礼儀をわきまえ節度ある八路軍兵士とは逆に、この連中には手を焼いたものだった。アレをよこせ、コレを出せ、ついには真夜中にピストルを突きつけて、女を三人出せと脅迫する。酔っ払いの父に相手をさせ、オダテたりスカシたりしている間に畳を上げて床下の穴倉にかくすのだが、母と姉妹の四人は息を詰めて生きた心地もしなかったという。

そんな思いをしながらも、私たちきょうだいは生まれ育った「満洲」しか知らないので、自分の意志を一切無視されたままでの、日本への強制送還が不安だった。そして、「東洋平和」「八紘一宇」「王道楽土」「五族協和」の大義名分の下に騙されて「満蒙開拓団」にかり出された日本各地の貧しい民衆を、日本政府と関東軍は辺境の地に置き去りにしたのだ。

以来三〇年余を経るまで自国民を放ったらかしたままだった日本政府は半世紀たった今日でも、自国の置き去り戦争難民にさえ謝罪もせず、責任もとらず、まともな援助もせず補償もしていない。自分の尻拭いさえしない腐った精神と非人間的な日本の政治や社会をアイマイにしたまま国際社会で「貢献」などできるはずがない。

「満蒙開拓団」の人々は明白な戦争難民なのだ。私たちを十把一束にして「引揚者」と呼ぶのは、敗戦を「終戦」と言うに似た胡麻化し用語だ。あたかも己の意志で残ったかの如き印象を与える「残留孤児・婦人」の呼称を「置去り孤児・婦人」と改めるべきだ。その一人である私も含めて「引揚者」を「戦争難民」と改め正すことなどから、遅過ぎた日本の戦後処理の基本的姿勢を正すべきだと私は強く思っている。

共同炊事場で三〇数年の姉を敬う

三女の康子姉に誘われて、河原町三条の朝日会館でＹＷＣＡが主催する夜の初級イギリス語講座に通いはじめたのは私が一八歳だった一九四九（昭二四）年の春からだった。北区紫野の吉村芳子という若く美しい独身教師の自宅に、姉と共に招かれたこともあった。

戦争中の中学では「鬼畜米英」と決めつけた敵性語廃止で時間割から締め出され、軍事教練と軍事施設に出向いての勤労奉仕が増えたために、私はイギリス語の基礎的知識さえなかった。旧制中学二年一学期で日本が敗戦した後の瀋陽（旧奉天）市での混乱期にも、廃屋や寺の本堂での寺子屋風の中学校が再開され、「満洲」から日本へ強制送還されるまでの何カ月間かを通ったのだが、明日の己の命も知れぬ雰囲気の中ではイギリス語を覚えるまでには至らなかった。

日本に上陸後の私は、二年間程に二四回も職場を変え、長くて三カ月、一週間で馘になったところも珍しくなかった。日々の餌を得るためにだけ生きれば、人の心が荒むのも自然の成り行きなのだろうか？「俺たちに明日はない」と開き直った私は、事ごとに権力や権威に反発し抗したくなるニヒリスティックな青年になっていたらしい。

教師が心優しい女性だったからか、半途《はんと》小僧の私にしては意外とそのイギリス語講座だけは長続きした。それは翌一九五〇（昭二五）年の新学期に向けて、三年間の空白を埋める新制になったばかりの夜間高校（定時制）に入りたい強い願望もあってのことだとも思う。

三歳の時父親が死亡して一家が没落したため、当時四年制だった小学校卒業と同時に丹波の山村から京都に丁稚奉公に出され、叩き上げの成上がり者だった父が、康子姉を専門学校に通わせ、タイピストにしたのは、父が経営する土建会社で使うためだった。廃業した父が吉林から「奉天」（瀋陽）に移住して間もなく康子姉は、「大広場」に面して立つ関東軍兵事部の邦文タイピストとして徴用されたが、日本に来てからの姉はきっと英文も身に付けたかったのだろう。それはともかく、姉の誘いは私には僥倖だった。

他家の女中や、西陣織のお織子《へこ》や菓子老舗の河道屋《かわみち》の店員とかタキイ種苗の事務員などを転々としていた康子姉は、晩婚だったが一粒種の息子と孫にも恵まれている。そして当初から住んでいた大徳寺に近い傷痍軍人長屋の一角で、右足義足の夫と今も仲睦まじく暮している。数戸共同の炊事場と便所、一、二階とも六畳程の一隅で、義兄は西陣織のシミ拭きをしている。二〇年近くも姑に仕え、精神障害で長期入院しながら愚連隊がらみの問題を起こす義弟を抱えていても、常に明るく、心豊かに生き、この三〇数年間を決して贅沢や物欲に生きなかった今年七一歳になる康子姉を、私は常に、密かに尊敬し、己の反省のための鏡としている。

「紙の家」から八時間労働者に

長兄斎《ひとし》の〝盗飲酒事件〟に激怒して私たちを責める父の甥夫妻に堪えられず、母はいち早く妹と弟を連れて坂本の孝《たかし》兄の所に逃避した。放浪癖のある父親はいつ帰るともわからない。あまりの仕打ちに短気な次男の忠《ただし》が啖呵《たんか》を切ったため、鍋釜と食器類の他は下着類と蒲団しか無いのを姉弟五人で手分けしてかつぎ、戸外に出たまでは良かったが、行く宛もなく途方に暮れた。

少し離れた大宮通り寺之内の佐藤老夫妻の好意で殆んど無料に近い値段で寸借していた下小屋（大工の作業所）に、足を向けるしかなかった。波子トタン屋根だけで周壁がない倉庫脇の露地奥に住んでいる、糖尿病でヨチヨチ歩きの老人佐藤さんに頼みこんで、その夜は吹きっさらしの土間に板を敷いて寝るしかなかった。

翌日から少しずつ垂木《たるき》を間柱《まばしら》として木摺《きずり》を格子状に打ち、拾い集めた古新聞紙を貼って壁にし、明りとり窓代わりにはゴミ箱を漁って集めたセロハン紙を貼った。徐々に床を張り、そこに住みついたのは一九四八（昭二三）年の早春だった。

その頃の私は年子《としご》の兄と二人で、大阪の角一ゴム会社工場建設現場や、芦屋の高級住宅建築の大工の徒弟として通っていたのだが、その四男の兄博茂が西陣織機の舟（部品の一部）を製造販売する会社勤めとなったため、私もそれを機に阪神通いをやめ、小屋の一部を作業場として、近所の仕出し屋のスノコ・俎板《まないた》・出前箱や、家屋の営繕などの小仕事をしていた。

或る日、道端で拾った真新しい新聞で、東一条の木工場で工員を募集しているのを知り訪ねてみた。面接というからには背広姿のお偉いさんの何人かから色々と聞かれるだろうと覚悟していた。広い敷地狭しと平割の木材や丸太が山積みされ、その奥に学校の建物のような木造二階建がL字型に聳《そび》えていた。手前の平屋住宅の事務所でしばらく待たされたが突然、越中 褌《ふんどし》一枚の裸のオッサンが現われたのにはビックリした。この家に住まう林工場長だったが、自ら祭壇の製作中だと言う。

これまでどんな仕事をしていたかと問われたので、店員とか闇物資のかつぎ屋など二十数種の職業を転々してきたと正直に言うのは不利だし、説明するのも面倒だったので、大工の徒弟だと言ったら、二つ返事で明日から来いと言われた。翌一九五〇（昭二五）年の新学期から通学するつもりの鴨沂《おおき》高校は東大路の市電の停留所一つ南の荒神口なので、徒歩で行けるから午後五時二〇分の始業に十分間にあうのが何よりだった。

その会社は当時、洛東木工という社名だったが、今では大きくなって日本葬祭云々という一流会社になっていると聞いている。こうして工員八四名の木工員中の一人として、朝の九時から夕方五時までの世間並の労働時間で働けたのは嬉しかったが、私の所得は激減した。

定時制高校一年生の労組委員長

その頃、日本は焼け野原となった都市の〝戦災復興〟ムードで溢れていた。旧制中学二年生中退の学歴しかない私なので、その最前線といえる大阪や神戸の建築現場で肉体労働をせねばならなかった。焼け跡の街にまばらな灯がともる時刻になると、三寸角や三寸五分の角材で三尺よりも短い切れ端《はし》をズダ袋に満杯に詰め込んで、京都までかついで帰った。母親と姉たちの喜ぶ顔を思い浮べながら……。

駅員に尻を押されてやっとこさ扉が閉まるギュウギュウ詰めの電車に強引にズダ袋を持ち込むのは至難の技だった。強心臓と、かなりのコツを必要とした。身動きひとつ出来ない車内の人たちから「邪魔だ！」と顔をシカメられ、揺れ動いた角材にブチ当たった人からは「痛い！」と叱られる。回を重ねるうちに、うまく角材を車中に押し込んだら、それがどこに移動しようと降りる瞬間まで、私はわれ関せず、という素振りをすることを覚えた。

無論、角材の切れ端を鋸で切りさき〝紙の家〟造りの材料とし、更には飯炊きの燃料にもしたのだが、靴など買えないので下駄や家具なども作ったものだ。

朴歯《ほおば》の高下駄を履いた一高や三高（東京・京都の旧高等学校）の生徒が、カランコロンと音をたてて街を闊歩する姿に憧れていた私だった。桐の下駄に朴歯は高嶺の花なので、足に重たい檜《ひのき》の高下駄を作り履いていた私は、大宮通り寺之内から今出川通りを通って東一条の木工場まで歩いて通った。

市電代を節約するためだった。しばらくは、お天気に無関係に日曜祝日が休みと決まっているのにも戸惑ったものだった。

神社のお守り札や仏壇など、神仏具木製品の全てを製造していた〝洛東木工〟での私の仕事は位牌の足作りからだった。垂木《たるき》の角材を五センチ、一〇センチ位に切って並べ、左右から金具で締めつけて鋸目を入れて欠き落とし、U字型の尖った歯になっている鉋《かんな》で内側を湾曲に削り、外側を逆の凹型歯の鉋で丸く削る。検査に合格すれば、一個作って幾らという製品出来高の手間請月給制だった。

林工場長以外に社長、専務など数人重役がいたが滅多に顔を合わせることもなかった。ところが新入りの私が、三月《みつき》を経ずして、それら偉いさんたちと口角泡を飛ばして言い争わねばならなくなってしまった。それもまた、若冠一八歳の私には初めての体験だった。中年工員の岡本さんが平盤《へいばん》（水平の金属製機械の中心下部に回転する鉋があり、手で木材を押し付けて削る）で、手をすべらせ指を切断する事故を起こしたのがきっかけとなって労働組合が結成された。ニヒルで生意気な発言をした私が否応なく委員長を押し付けられたのだ。

そうして、各部品の膠《にかわ》付けとか、彫刻などをしていた近隣のオバハンや小・中学生位のボンボンたちを含めた八四人が金を出しあって買った六法全書や労組関係の本を読まねばならないハメになってしまった。労災保険に加入させるなど、確かに労働保障や待遇の改善も獲得したのだが、経営側は個々の工員を次々に懐柔し、籠絡して、不況による工場閉鎖を理由に全員解雇して、私一人だけを遂に工場に呼び戻さなかった。今日でいうロックアウトのはしりだったのであろう。

一九五〇（昭和二五）年早春に関西では最後となった失業を経験しながらも私は毎夜三歳年少の級友たちと夜の鴨沂高校で学び、放課後、加茂の河原で数人の男女級友たちと歌い、語りあう青春を過ごしたのだった。これが夜間高校一年生「ママゴト」労組委員長の一幕だった。

見捨てる輩あれば、拾う人あり

労組委員長として短期間に二〇回を越す団体交渉を重ねた。経営者側の一人に小柄な三田村常務がいた。細い銀縁眼鏡の奥に光る眼でジッと私の眼を見詰めながら、時にポツンと発言するこの人が会社の取締役だったとは、私はそれまで露ほどもしらなかった。奥の方の作業所で桐の骨箱など高級製品を上半身裸で作っていたからだ。当初は、無口でインテリぶった陰険な眼付きの嫌な奴だ、と感じていたのだが、その彼が何故か次第に私の発言や態度に理解を示し、同情的になって、会社側の人たちと対立しても労働者側の肩を持つ発言までするようになった。

彼は林工場長の実弟の次男坊なので、三田村家の婿養子となったことを、後になって知った。何代目かの仏具職人の家柄だったらしく、他からの資金を仰いだ法人を設立し、取締役の肩書きを与えられながら、日常は他の工員に変わりがなかった。そのことが不満だったのかどうかはわからない。

工場閉鎖の欺瞞を訴え続け、団結をいくら呼びかけても、結集するどころか、私との接触を仲間たちは避けた。悲哀を感じながら孤立した私は遂に工場が再開されても唯一人だけ「お呼び」がかからなかった。それまでの日本に来てからの生活で、雇用主と対立したため追い出された経験は何度もあった私だから、失職そのものには慣れていたのでさして動揺もしなかった。しかし貧しく働く多くの仲間たちのために闘ったはずの私なのに、仲間たちに裏切られたという思いを味あわされたのは初めての経験だった。ズタズタに引き裂かれ傷ついた心を抱えながら、先行きの生き方を考え、安易な正義感や純情さを反省したり、自らを責めたりしながら、その時ひとつの覚悟を持って生きるべきことを己の精神に叩き込まされた思いがする。民衆や弱者の側に立って私が如何に尽力しようとも、彼らは決して私を助けてはくれないし、一切の「お返し」や「見返り」を求めるべきではないと。弱者が少しでも強い立場の人を利用し、他者の期待を裏切るのは、生活の知恵であり、それらの立場に置かれている人たちとして当然なのだと思うように、以後の私は極力努力してきたつもりだ。

失業した私が、また近隣の雑仕事や、映画館でのアルバイトなどをしていた或る日、三田村氏からハガキが来た。指定された日時に千本丸太町の三田村邸を訪ねたら、酒や肴が出てきた。彼は会社と意見が対立したので辞めて、この家の二階を作業所にして木箱作りなどを始めていた。それを手伝わないか、ともちかけられたのである。さんざんごちそうになった帰り際、別れの挨拶をしながらふと玄関右脇を見たら、欅《けやき》の木目に墨痕あざやかな文字が眼についた。

都山流尺八指南大師範三田村橘山

ああ、三田村氏は尺八の先生でもあったのか、とその時はじめて知ったのだった。

数日後から、私は拾ってくれた三田村橘山先生の尺八ならぬ木工の唯一の弟子として、この家の二階片隅で再び神仏具の木製品仕事に従事しながら、東山通り荒神口の定時制高校に通うことになった。それは私が一九歳になった春のことだった。

関西での徒弟時代

がんどう鋸（片刃だけで大型の目の荒いのこぎり）で一〇センチ前後の角材を切って両刃の鋸でホゾを切り、玄能《げんのう》（大きな鉄槌《かなづち》）でノミの尻を叩いてホゾ穴を掘る。ベニヤ板などの合板がまだ世間に出回っていなかったので、六尺の杉板を何十枚も鉋《かんな》で削らされ、全身の力が抜け切ってぶっ倒れそうになったのもしばしば、大阪や神戸に通っていた時のことだった。

早朝から日没まで、コキ使われるのだから少しでも解放されるために、私はシケモク（吸い殻を集め再生した煙草）を吸うことにした。喫煙中の十分間程だけはおおっぴらに休めたからだ。「水腹」でハードな肉体労働を続けてきた私の内臓が病に冒されている自覚症状は無論あったのだが、病院行きの金も暇もなかった。

そんな私がドス黒く蒼ぶくれした顔で、慢性の栄養失調の体を引きずり、睡眠不足の眼をこすりながら大宮通り寺之内の「紙の家」を出て、今出川通りを横断し左手に女優月丘夢路の家を見ながら丸太町まで真直ぐに歩いて通いはじめた。そして夕暮れには鴨沂高校まで歩く。

バラック造りのラフな大工仕事と違って、白米の飯を篦《へら》で練った糊で継ぎ合せた板を加工して作る箱とか、御守り札、絵馬板など神仏具木製品の作業には小細工が必要だった。「俺たちに明日は無い」と粗暴に生きてきた私が少しは繊細な神経も持ち得たとするならば、それはきっとこの時に身につけたものかも知れない。依然として片方では空腹をいやすために橘山夫人の眼を盗んでは小皿に盛った滅多にお目にかかれない「銀シャリ」（白米の飯）を口に放り込んで、糊が足りないとおかわりを求めたりもしていたセコイ欠食青年の私だった。

　数人のお弟子さんたちに正座で尺八を教えている三田村橘山先生の姿を私が見られるのは、納品日が迫ったために残業をよぎなくされた夜だけだった。小・中学校では音楽か絵画かの選択で、私は絵が好きだったので今日でも音譜は一切読めない。しかし、開けっ放しの隣室で、ツレン、ツロン、ツロンなどと「六段」とか「鶴の巣ごもり」などの稽古を耳にタコができるほど聞かされれば、曲や節は嫌でも覚えてしまう。だが遂に私は一度として橘山大師範から尺八の手ほどきを受けたことはなかった。

　古都という土地柄もあろうが、丁稚小僧や徒弟を扱う因習が残存してのことだろう、たまに、残業食の雑炊《ぞうすい》を二階に運ぶ夫人との雑談が夫婦生活の性行為に及んだとき、「それは妻のおつとめやさかいな」と言う。当時は、「小糠《ぬか》三合さえなかったから婿養子になった」といわれる日本で、家付娘である女主《おんなあるじ》にさえそのように口にさせる時代だったのだ。

「猫に小判」だった文化的教養

御守り札や絵馬板、桐の小箱とか護摩祈禱の木などを、大風呂敷と敷布に包んで両肩から背負い、市電から京阪電車に乗り換えて、伏見稲荷大社と石清水八幡宮に納品しての帰路だった。三田村氏が珍しく「お薄《うす》でもどうや？」と言い、三条駅脇の茶店にさそった。赤い毛氈《もうせん》の床几《しょうぎ》に腰掛け、「こうするんやで」という橘山先生を真似て、和菓子を食べ、大きな茶碗を両手で持って二回半程廻して飲んだのだが、チョッピリしかない緑の液体を泡と共に口に入れても、私の空腹には何の足しにもならない。値段の割に合わないので勿体《もったい》ないと思ったものだ。しかし、シャレた和菓子を食べたのは日本に来て初めてだった。

「在満」中に、「奉天工業」四年生から海軍甲種飛行予科練習生として愛媛県に入隊することになった三男の兄・孝が、白いマフラーをなびかせながら最後の尺八を吹く特攻隊員の姿を夢見てか、琴古流の吉田晴風が作曲した「かもめ」や「祈り」や「子守歌」などのレッスンをしていた。琴の宮城道雄の協力者で親友だったという吉田晴風の名は記憶にあった。もしかすると、私が上京した一九五〇（昭和二五）年に亡くなったその人を紹介するマスコミ報道で、後になって知ったのかもしれない。しかし尺八都山流創始者の中尾都山のことは私は一切何も知らなかった。

私が最近まで大工徒弟だったことを知っている三田村氏は、家元にゴマスリをしたかったのだろうか、私を船岡山の見晴しの良い豪邸に連れて行き、棚吊りや建具の建付直しなどをやらせた。中尾都山先生は七三、四歳だったが、その娘さんかと思った浮世絵美人のような和服姿の若い女《ひと》が奥さんと知って驚いたものだった。仕事を終えた後の両先生の会話を正座して聞かねばならなかった私は、シビレをきらして一瞬立上がれなかったのだが、琴古流は関東で、都山流は関西に普及していることを知ったのもその時だ。広い庭を眺めたり、夫人の上品な一挙一動を見つめながら、私は、上流社会と老先生の生活を羨みつつ、不公平な差別社会にひそかに反発を感じてもいた。

娘二人の姉娘が、就職したのが四条河原町に完成した「公楽会館」（現高島屋百貨店）だった。バタ臭いものは苦手らしい三田村一家のお蔭で、家族招待券が私に廻ってきたので出かけたら、俳優座公演、ボーマルシェ原作の『フィガロの結婚』だった。明日のエサが気になる私には「猫に小判」だったが、こんな経験も後年になって少しは役立ったようである。

ゴネて入れてもらえた定時制高校

「引揚者」という奇妙な呼称の戦争難民の一人として日本に送還された一五歳の少年だった私が、親兄弟一家の明日の餌を求めるための肉体労働を重ねているうちに三年間が過ぎてしまった。

一九五〇（昭二五）年二月の或る日、私は意を決して木工場を休み、京都御所に近い鴨沂高校をたずねた。栄養失調と疲労困憊した肉体に病気の自覚症状があったからこそ工場勤めをしたのだが、先行きを考えると学業で身を立てるしかないと思った。手製のリュックサックの二重底の中に隠して持ってきた唯一の文書、厳封されている「奉天一中」（瀋陽一中）の在学・成績証明書をそのまま出して定時制高校入試の手続きを問うた。

対応してくれたその人は、私も見たことがない書類に眼を通すと、「あんたは、終戦の時旧制中学の二年生一学期まで修業なので中学卒業の義務教育を果たしてないさかいに、高校受験資格がありまへんなァー」という。それではどうすればいいのか、と私が聞くと、「先ず昼の中学に行って卒業してからや」とこともなげにいわれてガッカリした私は、ションボリして帰るほかなかった。

開封された書類は再び閉じられてはいたがそっと開けてみると、確かに「奉天第一中学校」の書類は敗戦直後に渡されたままの二年生一学期までの証明書だったが、もう一通、別の封筒があった。それは奉天での敗戦後、ソ連兵の掠奪・強姦事件などが一段落した後に再開された、窓硝子もない廃屋のビルや、文字通りの寺の本堂などに、折りたたみ携帯椅子を毎日持ち歩いての「瀋陽第一中学校」と改名させられた日本人たちの自主的「寺子屋」授業のものだった。しかし、それも一九四六（昭二一）年七月まで、「満洲」を去る中学三年生の一学期まででしかない。

戦争を起こしたのは私ではない。敗戦したのも私の責任ではない。戦争難民となったのも、早朝から夜中まで働かねばならなかったのも、新制中学に通えなかったのも、その全ては私が悪いのではない。それなのにどうして受験さえできないのか？　という論法で、京都府庁の教育委員会に八回通って訴え、怒りをブチマケたら、やっと藁半紙にガリ版刷りの問題、手書きの答案用紙で資格検定試験のようなことをしてくれた。同じような境遇の人がいたのだろうか、他に三人の若者が一緒だった。

こうしてゴリ押しして入学できた夜間高校なので、私は授業中に鼻血を流しても、腰痛に耐えかねても、青黒くむくんだ顔を教室に出さぬ日はないほどだった。それほどに知識に飢え、貪欲にそれらを吸収しようとしたのだった。

運命を決定づけられた採用試験

いまでは差別用語だと叱られるが、世間から「出戻り女」と冷たい眼で見られる屈辱に耐え、悲哀と、恨み僻《ひが》み荒んだ精神状態にあった次女の姉須恵子と眼を合わせたり、言葉をかわすのが私には辛かった。

そんな姉も月日を経るほどに次第にかつての「お人好し姉ちゃん」に戻ってきた。家事万端を手際良くこなす須恵子姉はやがて、市電壬生《みぶ》停留所に近い日本専売公社京都工場の煙草包装女工の職を自分で見つけてきた。

「外交官」というあだ名があるほど人づきあいの良い姉は、住居近くの映画館大宮東宝の支配人とも仲良くなって、夜はチケットもぎりの仕事までするようになった。「奉天工業」電気科卒業後、一九歳で徴兵検査を受け「皇軍」最後の二等兵だった次兄の忠《ただし》は、敗戦直後に上等兵の班長と二人で瀋陽の軍隊を脱走し、我家でかくまったのでシベリヤ行を免れたのだが、その頃は大阪の小さな電気工事店八千代商会の住込み店員をしていた。忠兄が専売公社の動力課勤務となったのも姉のコネによるものだった。姉兄二人して次第に労働組合運動に熱意を傾けていった。

京都駅前、新京極、千本中立売《なかだちうり》、大宮通り寺之内上ルなどの繁華街の映画館で、映写し終えたフィルムを収めるブリキ缶数箇を自転車の荷台に積み、かけもちの映画館を巡回して配り走るバイトに私がありつけたのも姉の口ききからだった。しかし、生来のチビ公である私は、足がペダルにとどかなかったので、それまで自転車に乗ったことがなかった。やむなく肉体のあちこちを傷だらけにしながら一夜漬で練習をしなければならなかった。

ハンドルを握った手がおぼつかずヨロヨロとして、時には通行人にぶつかり、叱られ、倒れたりしながら、やっとたどり着くと場内アナウンスが聞こえる――只今フィルムが遅れておりますので今しばらくお待ち下さい――。上映がしばしば中断されるのに怒った支配人から私が即刻クビを宣告されたのは言うまでもない。須恵子姉には申し訳なかったが、このバイトがなかったらきっと私は一生自転車に乗れず終《じま》いだったかも知れない。

またお蔭で私は『青い山脈』から、ユル・ブリンナー主演の『王様と私』まで封切映画の殆どを無料で観ることができたのだった。

夜学に通うにはサラリーマンに限ると、私も専売公社を受験したのだが不採用となった。三年間のブランクは大きかった。顔がむくみ、日夜血便に悩まされていた私の身体検査の結果かも知れない。通知は一九五〇（昭二五）年六月二九日に受け取ったが、それが以後の私の、運命を決定づけた大きな要因の一つだったことに疑いの余地はない。

生徒の学歴を「詐証」してくれた教師

日本専売公社京都工場から不採用通知と共に返送されてきたのは、提出した履歴書と中学の成績証明書、鴨沂高校の在学証明書、そして「右之者瀋陽第一中学校出身なるも、出身校に対する問合せ不可能に就、本校入学の際の成績証明書を以て証明に代へます。京都府立鴨沂高等学校第一学年担任石田千稔 ㊞」という文書であった。

鴨沂高校竹内鐵二校長印の在学証明は事実だから当然だが、同じ六月二〇日付の成績証明書を見て驚いた。

確かに私の「奉天一中」一年生の成績は概評通り二七四人中の「特」で、それは学年で上位から七、八番までの「特等賞」を示している。二年生の成績が一六三人の「中」とガタ落ちしているのは、連日の軍事教練と軍施設での勤労奉仕が増えてヤル気を失い、成績良好だと幼年学校などを受験しろと上級生に殴られるのも、戦争で死ぬのも嫌だったので、好きになれない教師に反抗したからだ。

日本に来てからの私を知る人なら誰もがこの「人物考定」に疑問を持つだろう。「従順にして責任感強く、行動機敏にして節度あり、努力家にして友人に信望厚し。」とあるのは一年生の時の通信簿にだけ記されていたものだ。上から秀優良可の順だったが、三年生の成績は日僑俘と呼ばれた日本人が自主的に再開した「寺子屋」のもので、「昭和二一年九月第三学年修了」とあり、「概評」に「上」

とあるのは明らかに「詐証」といえる。無蓋貨車に詰込まれた私が瀋陽を去ったのは七月末だから、私の学歴は当時、中学二年生一学期終了の中途退学でしかない。

石田先生と三年遅れの私との年齢差は三歳だったからか、同志社大学を卒業と同時に教師になった僻み心からか、嫌な奴だと思った私だったが、これを見て己を反省させられた。教師の地位を失うかも知れないのに、生徒のため、貧しい者のために良かれと思ってのことなのだ。ふるえるほどの感動を覚えた私が上京を決意し別れの挨拶をした際、ニヒルな私に彼は一言「己の生命に忠実に生きて下さい」というのだった。学歴「詐証」してくれた石田千稔先生こそは真の教育者だったのだ。

甦った習慣と覚えた理論

夜の高校で僅か四カ月、夏休みまでの一学期間だけだったが蒲池燦先生から受けた影響は大きかった。衣食住に困窮していたばかりでなく、新聞も読めない三年間余を過ごしてきた私は、人情の機微や知識にも飢えていた。病院通いの銭さえないので、過労症状が顕著な体に鞭打って、時には授業時間中に鼻血をたらしながら先生の講義に耳を傾けたものだ。

社会科学という用語や、その意味さえ知らなかった私が、貨幣論、金本位制、そして資本論や史的唯物論などの初歩的知識を得られたのは、わかりやすく、かつ熱っぽく教えてくれた蒲池先生のおかげだった。既に四十五年もの過去が、いまなお私の記憶にあるのは、以後の自分の生き方と思想の根源的なものを心に深く刻み込まされたからだろうか。それとも、その日暮らしの餌漁りと排泄の繰返しだけだったような実社会での、長かった肉体労働の辛苦の日々とは異質の学説や理論の世界に触れ、魅惑されたのでまるで砂漠が水を浸透させるように吸収できたからなのか。

戦争難民として敗戦一年後に「満洲」から日本に来てからも「修羅場」をくぐって生きてきたと自負する私は「屁理屈で飯が食えるかよ！」と、論理を軽視し軽蔑する傾向にあった。そんな私に理論の大事さを気付かせてくれた人だったとも言える。

幼児の頃は『キンダーブック』という絵本などを、小学生からは英雄豪傑たちの『少年講談』などの数々を夢中になって読みふけった私だった。そして、ソ連兵の乱暴狼藉で街の一角での籠城を余儀なくされた敗戦直後の時期に、当番制の夜警をしながら読んだ石川啄木、島崎藤村、吉川英治の『宮本武蔵』など、かの師は私の読書習性も甦らせてくれた。

中肉中背の中年男だった蒲池先生はいつもヨレヨレの同じ背広姿ながら、Yシャツの襟だけは毎日純白の物と取り替えていた。生徒間での評判はすこぶる良かったのだが、この年、一九五〇（昭二五）年六月に朝鮮戦争が勃発、「レッドパージ」が始まると教員間で軋轢があったと聞くが、私は夏期休暇中に上京、転校したので、その顚末を知る由もない。そして恩師には申し訳ないのだが、「燦」をなんとお呼びしたのだったかも思い出せない。

上意下達の軍国主義一色の教育で成長した私は今、問題視されて久しい日本の「教育の荒廃」にもかかわらず一向に是正される兆しさえ見えない現実を嘆かざるを得ない。そして受験戦争一辺倒の文部省教育の規制と管理の下で、子供が歪んで育つ時代の日本を憂えざるを得ない。想い起すのは、「検定教科書」に束縛されない個性で自由に教え、触発してくれた人間味豊かな私の教師たちなのだ。

文化と異性との再会

日本に来て四度目の春に、もはや遠い過去のこととばかり半ば諦めかけていた学生気分を、夜間だけでも味わうことが出来た私だった。一学級の生徒数が五〇人程で五クラスもあったことに驚いたが、男女が厳しく隔てられた軍国主義教育を叩き込まれ、日本での労働でも常に男社会で生きてきた私なので、級《クラス》の三分の一以上が女性という男女共学に私はおおいにとまどったものだった。

一五、六歳の初々しい可憐な少女達の存在は、三歳年長で荒んだ心身から厭世的で虚無的だった私に、異性を強く意識させ、彼女達の仕草がまぶしく、眼のやり場に困るほどだった。

敗戦で疲弊した日本の食糧事情もまだ回復を見ていなかった時代だが、はちきれんばかりの若さで華やぐ異性の級友に魅惑されるのを振り払おうとすればするほど、思慕の念が募って学習も手につかなくなる。「愛と恋とは分別の他」とはよくいったもので、遂には相思相愛の男女の肉体の結合を夢想し憧れる情欲の自己抑制に悩んだものだった。その時きまって私の脳裏をかすめるのは、物心ついてからの性に関わる過去の出来事の映像の断片だった。

吉林市在住当時、幼児だった私は父親が請負って造った元華族、京極家に連なる三橋邸に、兄や妹達とよく遊びに行った。令嬢絹子さんの友人として執事に玄関先で出迎えられ、広い豪邸をわが物顔にかくれんぼをすると、可愛らしさなどある筈がない私なのに、歳上の絹ちゃんはいつも私の手を引いて暗い物置場などにひそむのだった。絹ちゃんのおませな行為に私は男性を自覚させられた。

小学校に入学した青組は男女学級と呼ばれ、花柳街の料亭主の娘と机を並べていたが、その浜さんのお白粉《しろい》と香水の匂いに奇妙な胸の騒ぎを覚えたりした。そして中学生になった私は女学生と連れだって町を歩いただけで上級生にブン殴られた。

敗戦間近のヤケクソと強制への反発から、無論かくれてのことだが、校則で禁じられていた映画館に出入りし、買い食いから、酒、タバコなどをやっていた一四歳の私だった。敗戦後の「満洲」で、ソ連兵の掠奪、強姦を間近に目撃した衝撃を、戦争難民の一人として日本にそのまま持込んだ私は、三年余の肉体労働に明け暮れ、汚濁にまみれた青春を過ごしてきた思いがしてならなかった。

そんな矢先での文化と異性との出遭いだったからか、鴨沂高校定時制での一年一学期、僅か四カ月間の級友に過ぎなかった彼女達だが、四十五年を経た今日でも氏名が記憶に残っている。浅田静江、井野志津、大桃節世、勝山和子、関屋定代、西村トキ子、新田信子、細和子……。殺伐とした潤いのない世界を生きた私に、優しさや思いやりの精神を示してくれた人々であったが故だろう。

悲しみと怒りを闘うエネルギーへ

一九五〇（昭二五）年になって、私が夜学に通いはじめても、一五坪程の薪炭倉庫の一隅に古新聞を貼って壁にした「紙の家」での暮しは変わらなかった。波子トタン一重の屋根だから、夏はまるで蒸風呂に入ったようで、京都特有の底冷えする冬は、古タタミ六畳に家族九人が身をちぢめ、重なりあうように雑魚寝するのにもすっかり慣れてしまった。

唯一の変化は部屋？ の隣りに、父が個室を増設して閉じ籠もりだしたことだった。かと思うと、かなり以前からのアル中（アルコール依存症）に放浪癖まで加わって、所在不明の日が多くなった。酒を飲んでは母にからみ、粗暴な振舞いをするので、母は極度に父を嫌い怖れ、私たちにグチをこぼすのだった。

一八九五（明治二八）年生れの母。その時代に高等女学校卒の女性は少数でインテリ扱いされたようだが、神経質な冷たい女《ひと》で、私は母性愛など感じたことがなかった。成長した子供たちを、夫から逃避するための防波堤にしていたとさえ私には思えてならない。

高齢で出産した子は可愛いというが、母は私の妹を中学へ、弟を小学校へ通学させようとせず、常に自分の身近に置きたがった。そのために弟は一年留年、妹は「満洲奉天市」の浪速女学校一年生中退が最終学歴となってしまった。「小面憎《こづらにく》い子だ」と幼少時から母に言われながら育った私が、親のエゴで子供の未来を犠牲にする誤りに苦言を呈したり批判すると、ますます母から疎《うと》んじられ、その度に悲しくなったものだった。

年子《としご》の兄博茂が警察予備隊（自衛隊の前身）に入る前の或る日、また蒸発していた父から手紙が来た。東京で建築工事を請負ったので、兄と私に手伝え、そして姉に家事を頼む、というのだった。須恵子姉と私はそれまでの父のデタラメで無責任な言動のため幾度も苦汁を飲まされてきたので見向きもしなかったが、健全な頃の父の会社でタイピストをしたことがある三女の康子姉は自ら東京に旅立った。

夜学の便所で血便を流したまま意識不明となったりした私。入社試験で不採用になった直後の私。安定した職場の須恵子姉と忠兄の給料で残る六人の最低生活はできるだろう。健康を害した私は初めて自分の身の振り方を真面目に考えねばならなかった。

加茂川畔で、せせらぎを耳に、語りあい共に歌った男女の級友たちとの青春を胸に抱きつつ、生きる悲しみと社会悪への怒りを、闘うエネルギーに転化させたいものだとつくづく思った短い青春のひとコマだった。

遅かった自我への目覚め

狭い空間で八人家族が寝起きした月日を通して習得したのは、忍耐と持続の精神だったかも知れないと、過去を振返って思うことがある。誰かが早朝出立となると全員起床して寝具を片付け、食事の場に変えねばならなかった。四年以上も前の瀋陽で無蓋《むがい》貨車にスシ詰めに積み込まれる寸前まで、蓮華寺の本堂で送還待機の為に同じ町内の人々と同居して以来、プライバシーなど一切無い生活が続いていただけのことだが。

何事につけ「我慢の子」という環境の激変が小心者の私を改造してくれたのだろう。整理整頓が私の習性の一つとなってしまったのも、その為かもしれない。道路の撒水用蛇口をひねって順番待ちして顔を洗い、八百屋が捨てる野菜屑や大根菜をもらって来て作った雑炊《ぞうすい》を啜って、てんでんばらばら職場に向う。三田村氏に気兼ねしながら、お天道様がまだ輝いている午後五時に工具を片付け、夜間高校に直行して、夜更けに帰る。取残されている物を食べると煎餅布団にもぐりこむ。そしてまた、起きるのが辛い朝がやってくる。

他人からよく、青黒くむくんだ顔のニヒルな若者と言われたが、何の変哲もない暮しを繰返させたのはきっと、純情さを捨て切れなかったからだろう。敗戦後に逆転した日本人の立場だった異国での一年間は無論のこと、日本でも一家を支え守るのが当然の義務と思ってきた。その自覚と自負心だけが私を自暴自棄に走らせなかったようにも思える。

「衣食足りて礼節を知る」という諺《ことわざ》を私は信じない。裕福な奴ほどケチでエゲツナイ連中だと身に沁みて知らされてきたからだ。俺の贅沢はたかだか夜学で費やす時間と神経だけじゃないか、と思うと無性に腹が立つ。片想いのライバル以外に利害関係など無い級友との交流で、正義感や痩我慢《やせがまん》の精神を発揮し、年少の異性に社会や政治、人生を語ってエエカッコシもできた。

異国に置き去りにした母方の祖母のことは生涯にわたる後悔の種だが、一二人家族を戦争で亡くさなかったのは僥倖だった。嫁ぎ先の吉林からいち早く諫早《いさはや》に定着していた長姉、来日二年目に放浪の末岡山厚生病院で死んだ長兄、三男は坂本、父と三女は東京、四男の兄は舞鶴へ、残る六人中の扶養家族は母妹弟の三人だけとなった。俺はどうすべきか？

慣れあい家族が互いに甘え、寄っかかりあう依頼心との訣別を決意したのだが、遅きに過ぎた一九歳の自我への目覚めだったといえる。

緑のスーツケースを道連れに

幼い頃から必要な物は全て買い与えられ、「お年玉」以外に小遣銭をねだったことがない家庭だったからか、敗戦後に極貧生活が続いても金やモノを巡る兄弟間での熾烈《しれつ》な争いは無かった。日夜骨身を削って稼ぐ者がいて、片や無為徒食の家族がいても何の咎めだてもしない雰囲気だった。その在り方に疑問を持ち批判的になったのは、病人という一家の厄介者になった私が自らを鼓舞するうちに生じた自虐性の現れかも知れなかった。

幾度か病院のベッドで意識を回復したことがあったが、保険制度が確立されてなかった当時の医療費請求額を思うと逃げ出すしかなかった。だから病名も知らぬまま日常生活に追われて、いつしか数十年を過してしまった。膵臓疾患で六〇歳になって入院、精密検査で過去のさまざまな病を自然に癒してきた痕跡の数々を知らされ、思い当る節《ふし》が大いにあった。

親兄弟が生きのびる為に思春期を犠牲にしたという妙な誇りからだろうか、それを鼻にかけて、俺を養うのが当然だとばかりに甘えたくなかった。命を賭した小さな業績を帳消しにしたくなかったからだろう。生来の孤独な精神に加えて余禄の命を再認識すれば良いだけでもあった。何も知らぬ父や康子姉からは再三再四私に上京を促す手紙がきていたのを口実に、京都を離れる決心をした。

たしかそれは一九五〇（昭二五）年八月二三日だったと記憶する。夜行の各駅停車に乗ったのは無論二千円の所持金を減らさぬため、緑色の小さな鋼《はがね》製スーツケースの中には、中古の学生服一着と下着類に混じって青い表紙のノートが入っている。ノートの扉に「詩神《ミューズ》に幸あれ」とインクで書いてあった。私の幼稚な詩作の真似事を知る一六歳の女性級友からの別れの贈物だった。詩人にはなれなかったが、扉のその文字は今日でも保存してある。

水だけ飲んで三、四日間は肉体労働に耐えてきたという自信から先行きに何の不安も無かった。四年前の「引揚げ」とは違い国内だし、自分だけ護ればよかったからだ。それよりも自分の病気を心配して親身に面倒をみてくれた可憐な少女と会えない方が辛かった。日本に来てやっと見つけた心のオアシス、芽生え始めたものとの別離で全身の力が抜け去ったように淋しさがつのるのだった。

各駅の停車時間がまちまちな夜行列車は超満員だった。通路にも入れないまま連結デッキに置いた中古のスーツケースに腰を下し、ウトウトしていた。東京駅に着いたのは一四時間後だった。

東京駅頭に降り立って

列車の連結デッキで夜通しうずくまって過ごした。睡眠不足でモウロウとしながら〈思えば遠くへ来たもんだ〉という実感が湧いてきた。戦争難民になって飢えと病いと死に直面しながらの悲惨な〈旅〉の体験が、私を旅行嫌い人間にしてしまっていたからでもあった。

東京駅のプラットホームに降り立ったのは八月二四日の昼下りだった。「在満」の少年期に、絵本や写真で見知っていた鉄骨赤煉瓦造り三階建の東京駅の全景を表から見てみたい衝動にかられた私は、人波にもまれながら押されるように改札口を出て大通りを横断した。遠くへ離れてみたり近づいたり、右往左往しながらつくづくと眺めたのだが、私が抱いていたイメージと違っている。「世界の高い物、長い物」といった絵本で記憶にあった駅舎の全長三二〇メートルは確かなようだが、南北両端、左右対称であった筈の丸ドームが八角形になっていて三階がないのに気がついた。戦災で修復した時に変貌したのだろうと思い至った。

修復工事現場を想像していたら、最近まで大工道具を入れた大きなズダ袋を肩にして、戦災で焼野原になった大阪や神戸の街々に通った自分の姿を思い出したり、幼少の頃父の建築現場に行って、飯《はん》場《ば》の中国人苦力《クーリー》や大工《ムージャン》たちに食事のもてなしを受け、それとは知らずに赤犬の包子《パオズ》（肉饅頭《にくまんじゅう》）を食べた時の光景などが頭に浮かんできた。映像が記憶を呼び出すらしく、辰野金吾、葛西万司の設計とか、一九一四（大正三）年の落成まで想い出した。

見も知らなかった日本に少しは慣れた筈の私が、また見も知らぬ東京に来たのだから、再び〈生きること〉に不安を感じて当然なのだが、何故か現実的には即役立たない文明とか文化の世界に思いを馳せたのだった。一人旅の孤独さよりも、それまでの、家族から解放された自由感の方が大きかったからか。

敗戦後の「満洲」で接して会話を交えたソ連兵や中国兵たちはきまって、日本といえば東京しか頭になかったようだったが、私には東京といえば他に、江戸城と上野しかなかったので行ってみたくなった。吉林で小学生の頃、父に連れられて汽車で新京（現長春）に行った時の南嶺《なんれい》動物園を想い出した。

最悪の場合の宿としては父と姉がいる品川区下大崎に転がり込む魂胆だったが、最初から父親と暮す気はなかった。またしても親に裏切られる悲哀を味わいたくなかったからだ。一路上野公園と動物園を目指して電車に飛び乗った。

動物園で思う人間社会

一九四三（昭一八）年以降、アメリカ軍の空襲による危険と飼料不足から、動物園の猛獣を殺したり餓死させたと聞いていた。だから期待はしていなかった上野動物園でライオンや象が見られたので驚いたことを思い出す。私が東京に出てくる前年（一九四九）に猛獣が再びインドなどから送られてくるようになったということだった。

当時の私は三度の食事を口にするのも稀だったから、優遇されている動物たちが羨ましかった。日本では物見遊山をしたことがないが、かつての「満洲」で虎を見た覚えはあっても生きたライオンや象は初めてだった。

金網越しに動物を見て廻っているうちに、狭い檻や柵に閉じ込められているのを観察する意味や意義について、次第に疑問を持ち始め、妙な同情心や哀れさを感じて気が引けた。自分の置かれた境遇から身につまされたり、対比からくる僻《ひが》み根性の発露だったのかも知れないが……。

築山で群れて遊ぶ猿たちは割に気楽だったのでしばらく足を止めていた。周囲の柵にもたれたり寄っかかっている人間たちを無視して自由奔放に振舞い、交尾の姿態まで見せつけ、観てる側を愚弄しているかのようだ。馬鹿面下げて見ている人間が、逆に彼らから観察されているように思えてくる——そういえば南嶺動物園でも、そんな気がしたものだ——。一〇年程過去の「新京」をまた思い起した。

一〇人兄弟中の下から三番目で日頃は存在さえ認められなかった私を、何故父が連れ出したのだろうか。帰りの汽車までの時間つぶしに行った動物園では、広い敷地を歩き廻った印象しか残っていない。その前に「満洲国合同法院」（裁判所）の中で、父が弁護士たちと話していた姿の方をおぼろげながら記憶している。

吉林市新開門外で酒類や食糧品雑貨を売る丸徳商店のご用聞きがわが家にも出入りしていた。「まい、まい、まるまる得するというえげつない店名からして気に入らん」と母は言っていたのだが、店主の堀川武雄氏が山陽ホテルの経営に進出し、その工事を請負った父が未収金の請求訴訟にフンギッタのがこの時だった。

上野動物園のこの日から四六年を経た今日、人類はますます地球を破滅させつつある。指導的立場と自惚れた人間共が特権を笠にきて滅茶苦茶をやったあげくの果てに殺戮と破綻を続発させている。責任を互いに転嫁する利己主義の醜態をさらすまでに腐敗堕落を極めている。この無責任な生物の指導者たちこそが柵と檻の中に入るのにふさわしい動物ではないだろうか。

大きな銅像と小さな金釦《ぼたん》

動物園を出て上野公園を歩き廻ると、大八車やリヤカーを利用した屋台が道端のあちこちに点在しているのがやたらと眼についた。道路に敷いたゴザの上に品物を置いて並べたり、立ち売りしている姿もあった。私も体験したアイスキャンデー売りが、自転車の荷台に載せた木箱から取出したキャンデーを手渡す様《さま》などを見ていると、かつての我が身を見る思いがする。西も東も同じこと、狭い日本と妙に納得したりもした。

関西ではどこの駅前でも、戦災で焼野原と化した跡に俄造《にわかづくり》のバラックや露天の闇市があって、おむすび、雑炊《ぞうすい》、パン、うどんから焼酎の梅割り・葡萄割りのコップ売りまで、統制品は何んでも売っていた。このように関東でも同じなら、いざとなれば俺もまたやればいいと少し気が楽になったものだった。

東京駅で買ったのは上野行きの切符だけ、次に動物園の入場料、三度目に金を遣った蒸芋を歩きながら食べた。夕陽を見る頃まで何一つ口にしていなかったのに耐えかねたからだが、食い終えた時は西郷隆盛の銅像前だった。写真を撮る人などの群れの中に幾人ものアメリカ軍将兵の姿があった。蛇《じゃ》腹《ばら》のカメラを三脚に固定させてマグネシュウムのフラッシュをたく写真屋に声をかけられた私は、郵送先の住所さえ定まらないのでそっとそこを離れねばならなかった。木蔭に腰を下して銅像周辺の屋台に集う人びとを見ているうちにおかしいと気がついたのを四十六年を経た今でも思い起す。

一九四四（昭一九）年に奉天一中に入学した私の学生服のボタンは陶製だった。本多校長が校庭に築かせた窯で部活動の先輩たちに焼かせたという桜花形の校章に黄色い釉薬《うわぐすり》を掛《か》けた重たい物だった。「鬼畜米英粉砕」の兵器作りに金属類は全て国に供出させられたからだ。国民は小さな金釦《ぼたん》まで供出したのに、敗戦後まで大きな銅像が残っているのが解《げ》せなかった。絵や写真で知っていたもう一つの、鎧兜《よろいかぶと》に身を固めて馬に跨がる楠正成像も江戸城前にまだあるのだろうか？　命からがら生きのびた私にとって、「国のため」という美辞麗句や大義名分が、改めてアホらしく感じられた。鼻を突く匂いがただようアセチレン灯が屋台を照すと、耳に響いてきたのは、「パンパン」と呼ばれた売春婦たちが進駐軍将兵の袖を引く嬌声だった。寝ぐらが心配になり周囲を見廻したら、草むらや木蔭に数多《あまた》の浮浪者たちの黒い影が蠢《うご》めいているのを見て妙な仲間意識を持たされ、ホッと息をついたのだった。

常さんに馬鹿！　とどやされて

突然、左脇腹を木の棒で突つかれて「おい、こら！　馬鹿野郎！」と罵倒され、ビックリした。警官に棍棒で突つかれたのかと思ったが、敗戦後の民主警察になってからは「おい、こらは言わなくなった筈だ……」朦朧とした頭に咄嗟にそんなことが浮かんできた。夜汽車での睡眠不足に加えての歩き疲れで、不覚にも、青いスーツケースを右脇腹に抱えたまま眠ってしまっていたのだ。

汚い髯もじゃの顔が眼の中一杯に飛び込んできて、「バカ！　こんな所でねてるとむしられて裸にされちゃうぞ！」と土色に変色した手ぬぐいを首に巻いたオッサンにどなられた。寝ぼけ眼《まなこ》をこすってよく見ると上半身裸で、継接《つぎはぎ》だらけの兵隊ズボンをはいている。呆気《あっけ》にとられている私にはお構いなしに、物騒な大都会で生きる注意事項や、生き馬の目を抜く東京での心構えなどを一方的に喋りまくるだけで、私の素性を聞くでもなかった。

ただ一言、「どこから来たのか」と聞かれたので「京都から」と答えると、「バカ、ここは上野だぞ、それなら東京駅の筈だ」と言う。どうやらこの人は私を東北か北陸の片田舎からのお上りさんと決めつけていたらしい。簡単に説明すると、「バカは俺の方か」と照れ笑いをして、「仲間は俺をバタ屋（廃品回収・屑拾い）の常《つね》と呼んでいる」と自己紹介をするので、私も名前を名のった。

戦災で疲弊した当時の日本は、失業者が巷に溢れ、無学な一五歳の少年が一家を支えるには肉体労働しかなかった。丁稚小僧も職人の徒弟にも不慣れだった私は、年がら年中へマをやらかして、店主や親方たちに叱られ通しだった。阿呆！　ドアホ！　アホンダラ！　等々、数年間聞き慣れたのは関西の悪口雑言ばかりだったので、馬鹿というのに久しぶりに接して、新鮮な感じを受け、愚弄されているにもかかわらず、その響きに懐かしさをすら覚えたのだった。植民地「満洲」では、さまざまな地方から来た日本人がそれぞれの方言を使っていたが、比較的標準語が通用していて、馬鹿が一般的だったからだろうか。馬鹿が口癖らしいバタ屋の常さんにまで親近感が持て、すっかり仲良くなってしまった。

常さんに代わって大きな竹籠を私が背負って鶯谷駅に近い常さんの寝ぐらまでお供した。行く宛が無いのなら泊って俺の手伝いをしろ、と言われて居候をきめこんだのだが、焼け残った木材を集めて戦災で焼けたトタン板の切れ端を下見張にした背丈ほどの小屋で、蚊に刺されながら着たきり雀で眠った一夜を今でも忘れはしない。

貧しても鈍さない

小柄な私の頭にさえ、昼の太陽で焼けた古トタン屋根の熱がじかに伝わってくる狭苦しい常さんの小屋だった。主《あるじ》の寝床以外には足の踏場もない。壊れた鉄や皮の製品が乱雑に散らばって重ねられ、錆びたりカビが生えたりしている。ぼろきれや紙屑も屋根までうず高く積まれていた。汗にまみれてそれを片付け、横になれる隙間をやっと作り出したのだが躰中がべとついてなかなか眠れなかった。

一昨日《おととい》まで壁も天井も古新聞紙張りの小屋で寝ていたのとさして変わりがないはずなのにひどく不潔さを感じる。虫たちと雑魚寝《ざこね》で、異様な臭気がただようので不用意に顔をシカメた私に、「お公家《くげ》さんの寝所《しんじょ》には相応《ふさわ》しくないところだなあー」と言って常さんは笑うのだった。出会った時「蒼黒くむくんだ病人の顔だ」と言われたが、腰痛がひどく、一度に排泄する尿の量が極端に少ない私は、便所がないので夜空の星を仰ぎ見ながら何回となく立小便をせねばならなかった。

病《やまい》なればこその行動だからグチる気はなかったが、耳をつんざく蚊の金属音には閉口して「古い蚊帳は無いかしら?」と問うても、常さんは既に白川夜船《しらかわよふね》で、寄せては返す怒濤の鼾が戻ってくるだけだった。時に夢でうなされながら大声の寝言を言うのがまた、私の神経を一層いらだたせるのだった。

過去の生きざまなどにお互いに触れないのが社会の底辺で蠢《うごめ》く我等が掟と、知ってはいたものの、歯ぎしりしながらの寝言を何度も耳にしているうちに、逃避行の敗残兵が生死の境をさまよう光景が浮かんできた。それが何処なのか、誰なのかはわからないが、叱咤激励したり、他人を気遣い庇いながら叫んでいるようだ。「馬鹿！」の連発癖はそんな経験からだろうと推測した。

　人影もまばらな早朝の鶯谷や上野駅のプラットホームで、三尺程の細い竹を二本紐で結わえ先端にくくりつけた縫針で、線路に投げ棄てられた煙草の吸殻を突き刺して拾う技術？を私に教えてくれた常さんのお蔭で後年ずいぶん役に立った。それまでにシケモク（再生煙草）の製造販売については経験豊富だった私だが、この収拾法は全く初めてだったのだ。

　貴重な食物を捨てる時代ではなかったから残飯などは滅多に拾えない。食事は闇市の屋台で現金払いだった。たまに「僕が払います」と言うと、「ガキのくせに！」と軽い財布を握る手を押し止め、一度として払わせなかった。世《せ》知辛《ちがら》い世の中に希有《けう》な人の存在を私は心の奥深く刻み込まれた思いがしたのだった。

怨念の戦争と食生活

真偽のほどを確かめてはいないのだが、戦争の末期、物資窮乏の日本では、市役所の清掃局が廃止された時期があったという。燃える物は全て各家庭で煮炊きに使い、生ゴミは庭の菜園用堆肥《たいひ》とし、廃物利用の日常生活をしなければならなかったからゴミが出なかったということらしい。戦前には千本今出川が終点だったという京都の嵐山電鉄が、北野までを廃線にした線路跡地で芋作りなどをしていたのを見知っている私だが、学校のグラウンドまで掘り起して食糧増産を強制された当時は、町中でも糞尿を肥料にしていたのだから、さもありなんと納得したものだった。

敗戦から五年経っても、戦災復興の掛け声高い時代だったが、収拾物を仕切屋（廃品を仕分けて売る業者）に持込んでいい金になったのは金属類や鉄屑だった。未だに残る戦災の焼跡で集めた鉄屑が売れると、常さんは私にビールを奢ってくれた。効果はてきめんで、多量の小便を一度に放出できて気分がスッキリするので、以後は友人たちに「消化器疾患をビールで直した」と豪語して、それは呑《のん》兵衛《べえ》の口実に過ぎない、と笑われるほどのビール党になってしまったのだが。

どんぐりの粉とか甘藷とかの配給や、口にしたままの真黄色なのが、そのまま尻から出るだけだったLA《ラ》RA《ラ》（アジア救済連盟の略称）物資の脱脂大豆粉、また小虫が蠢《うごめ》いている赤い粗目《ざらめ》砂糖に重曹をくわえて軽目焼（軽石状の菓子）などを作り空腹感を癒したりしたものだった。やがて小麦粉、押麦や米、コッペパン（紡錘形のパン）へと主食配給の品質が良くなり始めたのがこの頃だった。

　日本に上陸した十五歳以降は親兄弟の生計を支える一員としての私の自負心や誇りが、他人に寄生する二日間の生活で次第に傷つきはじめ、自らを苛《さいな》んだり、罪悪感さえ覚えるようになってしまった。――俺の煎餅蒲団や米穀通帳（配給のため戦争中に各世帯に交付・一九八二年廃止）は当然、父と姉が住む品川区下大崎に送られているだろう。住所不定では夜学の転校手続が出来ない――などの不安感も募ってきたので、常さんに別れを告げた。

　常さんの下腹部から右太腿部への貫通銃創の傷痕が生々しいのを知ったのは、その夜、東京で初めて銭湯に行った時だった。人は皆悲しみや傷を負い生きているのだという思いにふけっていたら、石鹸をつけない雑巾のような手拭いでいきなり、三日間の垢がこびり付いた私の背中をゴシゴシと流してくれる心優しい常さんだった。

体《からだ》で覚える

一枚の鯣《するめ》烏賊《いか》と四本のビールで二人だけの別れの宴をしてくれた常さんは、翌二六日の朝、鶯谷駅まで見送ってくれた。買ってくれた切符を改札口で渡しながら言ったのが最後だった。「夜学通いも結構だが貧乏人は身体《からだ》が資本《もとで》だ。困ったらいつでも来なよ。」

その日暮しで二年が過ぎた一九五二年、恩義に報いるべく酒や肴を持って出向いた。八月二三日を出会いの日としたのは、懐かしさと再会の喜びを効果的にする茶目ッ気からだったが、かつての「古鉄板の家」は影も形もなく、雑草が生い繁る空地一帯に有刺鉄線が張り巡らされていた。近所の商店や屋台、日頃の常さんの足取りを上野公園に追い、仕切屋にも行ってみたが消息は杳《よう》として知れなかった。たまにはハガキを出しておくべきだった、せめて事前の連絡ぐらいは……と、悔やまれてならなかった。汚ない金釘流の文字であれ、筆不精を反省したのはこの時からだった。

＊　＊　＊

ためらわず大崎駅で下車し、下大崎二丁目一六五番地を探し歩いた。タカをくくって市街地図さえ見ていなかったので、行く先ざきで右往左往して疲れ果て、夕暮れになってしまった。全身の力が抜けきった重い足をひきずっていたら道路脇に立水栓《りっすいせん》を見つけたので、夢中で蛇口に口を付け喉の渇きと空きッ腹を癒した。その時、上向きになった視角の中に、戦炎で焼け残った白木屋百貨店ビルが飛び込んできたのだった。

国電ガード下の道路を挟んだ右が五反田駅だった。駅前からの都電が白金の方に陸橋上を走る手前の道を左に行くと、教わったとおり左向うに関東逓信病院が見えてきた。父と姉が住んでいる所は木造住宅が立ち並ぶ裏の、猫の額ほどの庭一杯に建てられた四畳半の掘立小屋だった。隣りの二階建の後ろに建前を終えたばかりの増築中の建物が見えたので、それが父親が請負った工事現場だとわかったのだった。

仮設小屋から出てきた三女の姉康子は笑顔で迎えてくれたが、立ってる余力さえない私は近くの板の上に寝転んでしまった。父は機嫌をとるように、五分とはかからないから、と駅前の闇ビヤホールに誘うのだった。歩き疲れているのに思いやりもなく媚を売る卑屈さが情けなく腹立たしかったが同行した。

足を棒にしての家さがしに懲りたので事前準備の大切さを知らされ、また常さんとの再会が果せなかったことから連絡の習性を身につけさせられたように思える。知識や論理だけではなく、体《からだ》で覚えたものも決して少なくないのである。

ビヤホールでのまどろみ

六一歳と一九歳の親子が向いあって腰掛けたのは他に空席がなかったからだ。疲れていた私は早く休みたい一心と解放された気分でホッとしていたら、「生ビールもあるんやで」と、父は息子の機嫌をとるような口調で言うのだった。テーブルを挟んで久しぶりに真正面から父の顔を見ていると、忘れかけていた憎悪感が甦ってくる。アル中（アルコール依存症）の上に放浪癖まであって、次々と家族を不幸にした父親だったからだ。

生れて初めて口にした大ジョッキの生ビールは美味《うま》かったが、空っ腹で一気に飲み干したせいか酔いで頭が朦朧《もうろう》としてきた。俺は今、五反田駅前のビヤホールにいるのだ、統制品の麦が原料なのに何故公然と商売が出来るのだろう？　などなど、考えながら睡魔を追っ払おうと努めたのだが、――この時の私は、テーブルにのせた両手の上に顔を伏せて眠ってしまったと、翌日父が康子姉に話したという。

＊　＊　＊

一九四二（昭一七）年の戦争のさ中に施行された食糧管理制度（食管法）が、敗戦で疲弊した日本においても厳しい取り締りとなった。欠配（配給が滞《とどこお》ること）、遅配の下で、闇の食糧を一切買わなかった検事か判事だったかが餓死したという事件があった。法律を遵守すべき立場にある人として立派だと尊敬しながらも、他の同じ職業の人びとが生きていることに疑問を抱いた。そして、日本社会の著しい矛盾と不公正を強く感じさせられたものだ。

敗戦直後の「満洲」でソ連兵たちに掠奪され、残った家財や衣類などを繁華街に持ち出して売り喰いしていた「筍《たけのこ》生活」の時期があった。一年後にズダ袋一つを背に日本の土を踏んだ私たちは、そこに長く居を構えていなかったために剝《は》ぐ皮の一枚さえ無かった。やむなく違法に気を咎めつつも闇商人の手先になり預かった衣類を背負って農家を戸別訪問して米、麦、野菜などと交換する「運び（担《かつ》ぎ）屋」をしなければならなかった期間もあった。

「行きはよいよい帰りは恐い」、車内や路上で警察の臨検から逃げ隠れしたり、つかまって留置場《ブタバコ》に放り込まれたりの連続で、物《ぶつ》を没収される度に闇屋の元締《もとじめ》への借金が増え、随分と泣かされたものだった。

＊　＊　＊

酔ってまどろんだだけの当時の私が、こんな理屈っぽい夢などを見る筈が無いのだが、きっとその時どきの映像の断片が走馬灯（回り灯籠）のように頭をかすめていたに違いないと、当時の父の年齢を越した今になっても思えてならない。

他人に触発されて

肩を揺すられて目が覚めた。腰掛けたまま見あげたら恰幅のいい背広姿の老紳士と眼が合った。馬のようにデッカイ目玉だ。愛想笑いをしながら父が、その隣に立っていた。「これがあのチビでヤンチャだったあんたの五男坊か？　いい面構《つらがまえ》しちょる。けど本当に、この子に大工仕事が出来るのかね？」と老紳士は私の方を顎でシャクリながら言うのだった。横柄で無礼な奴だ、と腹が立ったが我慢した。喰って寝るだけの三年間程を過ごしてきた私には、いつの間にか危険や損得勘定を感じとる動物本能が身に付いていたからだろう。

どうやらこの人は俺の幼少時代を知ってる人らしい。一体何者だろうか？　父親との会話からこのビヤホールの店主で、父が請負った工事の建築主らしいと解ってきた。九州弁のアクセント、肥満した体軀などから思い出したのが、年子の兄博茂と吉林市の陽明小学校で同級だった遊び仲間の「堀デブ」だった。渾名《あだな》だけしか思い出せない。五年生の夏に「奉天加茂小学校」に転校するまでの長い交遊だったが、本名で呼んだことがない時代だったからだ。

彼の父親は食品雑貨「丸徳商店」主だった。そこで蘇ってきたのが日興土建主だった父と「山陽飯店《ホテル》」新築工事を巡って満洲合同法院（裁判所）で争った堀川武雄氏だった。「南嶺動物園」の印象と共に、数日前の上野公園で思い出にふけったばかりだったから、その奇遇に驚いたりもした。

それにしても、父はどのようにして堀川氏に接近し、一昔前の異国での仇敵と縒《より》を戻し仕事を獲《え》たのだろうか？

土建会社のワンマン経営者として従業員に怖れられ、家庭でも雷親父だったが、日本の敗戦を三年前に予見した父は次第に萎縮し、自暴自棄となり、遂には家庭まで破壊してしまったのだ。四十年間に及ぶ外国生活で「今浦島」となった日本で、廃人同様に転落した老人に請負わせてくれた堀川氏に子供として感謝せねばならないと、深く反省せざるをえなかった。

揉手《もみて》をしたりしながら相手のご機嫌を取るように話す父親の卑屈な姿にみじめさを感じ、情けない思いをしながらも、一時期は憎悪したであろう落ちぶれた相手に仕事を与えてくれた堀川武雄氏の度量に私は深く感じ入ったのだった。そして、他人でさえさしのべてくれてる手なのに、肉親の俺が……と思えば、堀川氏の好意に応えるためにも、父親の仕事を手伝ってやらねばならないと決意したのだった。

またしてもこんな破目に

敗戦の衝撃から異常をきたした父親だが、他眼《はため》からは通常人と何らかわらない好々爺《こうこうや》としてしか見えないので余計に始末が悪い。もともと私の幼少時から「雷親父《かみなりおやじ》」として家族中から敬遠されていたのだが、酒が入ると人格が豹変し、軌道を逸脱した言動となるので手がつけられない。妻子に嫌われ、怖れられている父親の孤独な心情に哀れを感じても、下手に同情して接近すると人生経験が豊富な古狸の父親ペースに巻込まれて非道い目にあう。

日本に上陸して四年、家族の誰もがよくそれを知っているのに、一九二三（大一二）年生れの三女の姉康子が、父に請われるままに自らの意志で東京に来たのには、それなりの理由があったと私は思っている。懐中電灯やオートバイが「文明の利器」として物珍しかった時代、父が経営する土建会社のタイピストをしていたほどだから向学心に燃える人だった。東京を知りたい思いもあれば、親の面倒を見る自分でありたいとも思ったのだろう。既に婚期を過ぎた二七歳ともなれば、世帯をもつ相手の異性を求める出会いの機会に期待していたとしても不思議ではなかった。

私の場合は全く不純な動機だった。康子姉と父を、東京に出るための口実に使ったのだから、金輪際父親と共に働く気はなかった。それなのにまたしてもこんな破目に陥ってしまったが、「この糞親父はいずれトラブルを起こすことだろう」と最初から覚悟はしていた。食事、洗濯、掃除、下着のボ口継ぎなどを晴れやかな顔でやっている姉を見ていると、そこに「水をさす話」はできない。

父が古道具屋で買い集めた大工道具で隣の建前（上棟）を終えたばかりの工事現場に翌八月二七日から出て、夜明けから日没まで目一杯働いた。中年の大工職人が一人いて私と二人で何とか仲良くやれそうだった。木造二階建従業員宿舎の増築工事だから、既存家屋には居住者が大勢いる。賄婦の小母さんから自分は堀川武雄氏の実姉だとお茶の時間に聞かされた。

まだ戦災の焼け跡や空き地が目立つ東京の街では、俄《にわ》か造りのバラック住宅が殆どで極度な住宅難の時代だったから、現場に来た堀川氏に早く完成させろと初日からハッパをかけられた。三日もすると職人さんが私にグチを言い始め、一服する度に賃金の安さをボヤクので、私は相槌も打てず困ったのを覚えている。

九月に入っても夜学の転校手続きにさえ行けないまま、上半身裸体で滝の汗を流す毎日だった。

助太刀・伯父の出現

一九五〇（昭二五）年九月一四日（木）は手間賃の支払い日で、職人さんと父親は酒を酌《く》みかわしていた。封建制の余波《なごり》だろうか、休日は一日と一五日の月二回だけ、勘定日はその前日というしきたりだった。しばらくすると声を荒らげた口論を始めて、木製の大工道具箱を担ぐと大工さんは怒声の捨て台詞を吐いて出ていった。二度と戻ってはこなかった。

神田駅徒歩二分という交通の便がいい夜間高校を見つけたので、三日前に転校の手続きをしようと出向いたのだが、昼間は区立の中学校の建物を夜だけ高校が借りていたからか、午後九時を過ぎていたからか、事務職員不在で無駄足になっていた。身の振り方も先行きの職場も一定しない私にとっては、何処からでも授業開始時刻の午後五時二十分に少しでも早く到着する学校を選ぶしかなかった。職人が私一人になると夜学通いは望めなくなる。

哀愁を帯びた「捨吉の歌」を知ったのは私が日本に来てからだが、子沢山でもう子どもはいらないという名をつけられた末っ子の父親には、一二歳年長の兄がいた。一八七七（明一〇）年生れで当時七三歳という高齢ながら、矍鑠《かくしゃく》とした伯父が京都からやってきたのは、父が手紙で助っ人を頼んだからだった。丹波の山国村で半農半工の家柄なので、伯父友次郎は祖父忠兵衛から厳しく叩き込まれたらしく、鋸《のこ》、鉋《かんな》、鑿《のみ》はもとより手斧《ちょうな》まで見事に使いこなす腕の良い職人だった。

三歳で父親と死別して京都の町で呉服屋の丁稚小僧から叩き上げた私の父は、若い頃の大連市で南満洲工業専門学校の夜学を経て建築技師となり土建会社を経営していたのだが、定規と烏口で設計図は引けても現場の職人仕事は一切出来なかったのだ。それに比して老齢の伯父は四十余年間の「支那浪人」まがいの生活の後にもかかわらず、足場の上でも身軽に動くのを、大徳寺前のアイスキャンデー店工事で教わった兄博茂と私は知っていた。

「手に職をつける」と言うが、酒こそ飲まなかった伯父友次郎が、先祖の血を受継いだのか本妻と娘を日本に置いたままの遊蕩三昧、女と賭博に明け暮れていた無頼の時代もまた私はかいま見ていたのだった。ともあれ、農閑期には代々京都御所の営繕係を務めてきた家系と自慢する伯父の「昔取った杵柄《きねづか》」は、私にとっても大きな助太刀だった。

九月一八日の月曜日、早仕舞いした私は神田の都立一ツ橋高校今川分校に出向いて、明石教頭に会い転校の手続きをすませたのだった。

煙草とダンスと「英語」と

二学期の始業日より半月遅れで初登校できたのは九月一九日（火）の夕刻だった。官庁と大企業のビルが林立する東京・神田駅周辺に勤務する青年たちが多いからか、詰襟の黒い学生服とセーラー服姿の少女、パリッとしたネクタイの背広姿が目立った。継《つ》ぎ接《は》ぎだらけの作業ズボンの上にジャンパーを引っ掛けただけというのは私以外に見当たらなかった。――東京は違うなあ――と実感した。

一年生の普通科C組に転入となったのだが、商業科が一学級《クラス》あってそこには中堅会社の課長だというオッサン生徒がいた。同級生中にも三年遅れの私より一、二歳年長者が三人、薄暗い電灯の下で机を並べていると知って驚いたりもした。それぞれ事情は異なってもつまるところは、戦争と敗戦によって運命を曲げられたのだと私は思った。京都の鴨沂高校での最年長者もここでは小僧っ子なので気が楽になった。復員者（軍隊帰り）の生徒も少なくなかった。

何よりビックリしたのは廊下で生徒が煙草を吸っていることだった。見れば片隅に水を入れたバケツがあちこちに置いてある。そして体育の時間には、アスファルト舗装の狭い中庭のような校庭一杯に、男女交互に手をつないで輪を作り、squaredance《スクエア・ダンス》（二人一組に向かいあい方形で踊る。もとアメリカの郷土舞踊）というのをやらされて戸惑ったものだった。しかし、「レディさんとジェントさんが手をつないで、ハイ！　そこでぐるっと廻って――」と音頭をとられながら、公然と若い娘さんに触れられるのだから決して悪い気はしなかった。

　かつて京都の映画館でチケットのモギリをしていた須恵子姉の顔パスで観た西部劇の似たシーンを思い出し、照れ臭い笑《え》みを浮かべながら、ぎこちなく動いたであろう当時の自分を想像するだけでおかしくなってくる。

「奉天一中」では「英語」の授業はあったのだが、次第に日本の敗色が濃厚になって敵性語廃止、そして軍事教練と八七九部隊での勤労奉仕ばかりのカリキュラムとなって敗戦、以後一年を中国で、二年間は日本で生き延びるためだけの生活だったから、いきなり出てくるシェイクスピアの名作部分とか、サマセット・モームの『月と六ペンス』の文法のルールなどさっぱり頭に入らなかった。

「英語」の時間が、戦争や貧乏の次に嫌になった私を教師たちも感知したらしく、憮然たる顔の反抗的な私に、決して指名してまで読ませたり、答えさせようとはしなかった。

甘党と辛党の別れ

一般市民の常識では到底考えられない、論理も倫理感も皆無な不祥事件が矢継ぎ早に起きる情けない日本になってしまった。腐敗堕落が日常茶飯事化してゆくのを憂うる人たちまでもが、次第に悪習に慣らされ、麻痺して、疑惑や怒りが諦めや無関心に変ってゆくのを恐ろしく感じる昨今である。

土建屋国家で名高い税金無駄遣いの公共事業などで、談合・汚職を百年以上も続けてきたゼネコン創始者の一人に大林芳五郎氏（一八九二年生れ、関西の製紙工場、鉄道、東京駅工事等で成長、一九三一年以降は「満洲」等海外に進出、㈱大林組）がいたが、友次郎伯父は若い大工時代の賭博仲間だったという。一八七七（明治一〇）年京都府下生れの伯父より年少で大阪の人だから、或いはと思うのだが、大物《おおもの》との知友関係を誇張して自己顕示欲を満たしつつ事を有利に運ぼうとするのが日本的小《こ》物《もの》の所業だから、伯父の言は単なる法螺《ほら》かノスタルジアに過ぎないのではないか。もし真実なら、とっくの昔から古い絆を頼りに捨扶持《すてぶち》の仕事位にはありつけた筈だから。

樹齢四百年という垂《しだれ》桜が咲く季節には観光バスで混雑するまでになった丹波山国村（現京北町）の常照皇寺《じょうしょうおうじ》と、会津若松から函館までの戦闘に加わった村民挙兵の地山国神社境内、そして時代祭りで先頭をつとめる山国隊などが伯父と父のおくに自慢だった。北朝初代の光厳《こうごん》天皇が足利に追出された後に開山した常照皇寺には三つの陵があるところをみると天皇家の天領だったらしい。

「庄」は「荘」で荘園や村を意味する。祖父忠兵衛が京都御所の営繕仕事で得た金を懐に、チリメンの褌《ふんどし》をしてお伊勢詣りの帰途に、放蕩の末、父親が三歳の時死別し、祖母すみたち一家が没落したのだと聞かされている。半農半工の職人としては厳しく叩き込まれた伯父の腕は確かなものだったが、先祖は郷士や村長的立場も兼ねていたらしく、温厚なぼんぼんで「総領の甚六」でもあった。

悠長な伯父が気遣ってくれるので始業時間前に夜学に通えたのは幸運だった。煙草と賭事は一切やらなかった父は気性が激しく、既に「アル中」の辛党、遊び人の伯父は甘党と正反対だから、過去にも何度も共同事業を起こしては喧嘩別れを繰返してきたのだった。

十月の或る夜、掘立小屋に帰ってきた私は四畳半ほどのどこにも友次郎伯父の姿を見ることがなかった。康子姉の話でわかったが、翌日からの夜学には遅刻をよぎなくされたのだった。

康子姉の結婚

母からの達筆な便りがきたが、それは京都で康子姉に縁談があるという知らせだった。太平洋戦争で右大腿部を負傷、切断して義足を付けている傷痍軍人だが、西陣織のシミ抜きを業とする真面目人間らしいとあった。次女の須恵子姉からの、お世辞にも上手と言えない字と文章の手紙が同封されていて私宛のものだった。密封され「親展」と赤で書かれていたのは、姉が恨み嫌っていた父親に開封されるのを警戒してのことだろう。

一九一九（大正八）年生れの長女で長子だった姉恵美子が、中国東北地方の吉林市在住中、一八歳で恋愛結婚したために「第二子の自分は進学も許されず女中同様に妹や弟の子守りから家事一切の手助けをさせられてきた」と愚痴めいた部分もあったが、要は「父と子の男世帯では洗濯や食事にも不自由になるだろうが、康子の幸せを願って見合いのために帰京をうながしてくれ」という。如何にもお人好し姉ちゃんらしい内容だった。

かつての一五年（日中）戦争は、日本近代史上、空前の大量の戦争難民「引揚者」を生んだが、その中の一人として日本に送還され、喰うや喰わずの生活から脱却すべく、見合いもせずに結婚し、すぐに離婚に追いこまれるまでの短い年月を除けば、絶えず肉親家族の面倒をみてきた姉だから当然のことだった。それから半世紀を経た今日では差別用語として顰蹙をかうだろうが、三十路《みそじ》になった単身女性を「売れ残り」と公言し、四〇歳で独身男を「甲斐性無し」と侮辱した時代だった。

一九歳の私より八歳年長の姉に巡ってきた最後の機会かも知れぬが、姑《しゅうとめ》とグレた厄介な実弟がいるという。「もう結婚は諦めた」とか、「二人きりになると困るだろう」などと渋るので、「アル中」で放浪癖の無責任な父親や、まだ若い私などはどうにでもするから、自分の先行きを考えろ、と私はビールを飲んだ勢いで執拗に口説いたのだった。

北大路の大徳寺前バス停に近い傷痍軍人寮の一角で去年まで貧乏暮しをしてきた康子姉だが、義兄の大野和夫との間の一粒種の息子に孫二人ができ、手狭となったためかマンションに移転した。ハニカミ屋で無口な夫と仲睦じく心豊かに生きる様を、時としてかいま見たり、想像するだけで心安らぐ思いだ。以来四〇数年間、断っても断っても、何の謂《いわ》れもないのに盆暮の贈答品を我家に送ってくるのだけが心苦しいのだが……。

年子の兄と袂《たもと》を分かつ

四男の兄博茂が五反田の掘建小屋を尋ねて来たのは一九五〇（昭二五）年九月下旬の或る日突然だった。八月に発足した警察予備隊（現自衛隊）員として、一〇月に岐阜に赴任するので当分の間会えないから、と言う。二日仕事を手伝ってくれた間に私が感じたのは、初めての東京見物が目的らしいということだった。伯父と姉も居たので四畳半の小屋は人口密度が高くなった。別れの前日、現場を伯父に頼んで父と共に兄の望む所へ案内した。

明治神宮や外苑など私には興味のない所ばかりだから下車駅もわからず迷ったりしたが、東京・神田駅周辺は御手の物で心にゆとりが持てたからか、観光客相手の写真屋に撮らせたのが一枚だけアルバムにある。チャップリンを想起させる落ちぶれたルンペン姿の父を挟《はさ》んで右が博茂兄、左が一九歳の私で、誰の眼にも判るのは年子の兄との体格の違いだろう。

性格から思想信条まで正反対だから、幼少時から互いに確執がありながら共に育ち、敗戦後は協力して親兄弟たち大家族を食わせてきたのだが、それに区切りをつける時期だった。中学二年で陸軍幼年学校を受験、合格するまで常に学年で一、二番の成績を通してきた堂々たる体軀の兄だが、気弱で小心、人付き合いが悪いので私は好きになれなかった。

それが原因なのか、今日に至っても所謂《いわゆる》優等生タイプのお利口ちゃんに接すると「結果的に利己主義者にすぎない」という偏見と独断が頭をもたげて嫌悪感を持ってしまう私なのだ。差別され虐げられた、貧しく汚ない他民族の子どもたちと泥や埃にまみれながら遊び呆けていた腕白小僧の私は、毎日親に叱られ、強情な私に「しつこい子や」「小面憎い子だ」と言うのが母の口癖になっていた。

日本の政策に翻弄された親の世代、戦争とか軍隊のために人生を歪められ、貧乏が不幸や悲劇をもたらすのを体験で知った筈の兄が、何故明らかに日本国憲法に違反する軍隊に入るのかが私にはどうしても理解できなかった。

衣食住付きで二年勤務すれば破格の退職金まで得られるのは、その日暮しの若者には魅力的だったが、現実的な兄を情なく思った。常に犠牲になる弱者の側に立つ社会革命に傾倒し、政治活動に情熱を燃やし始めた頃だった。

三〇数年前のラブレター

薄暗い電灯の下での授業中なのに、机の下に隠したコップの焼酎を時どきグイ、飲みするのは講義が面白くないからだが、この夜はふと京都の少女を想い出した。放課後の深夜まで加茂川べりで語り、歌った学友たちからの便りは絶えなかったが、青いノートをくれた彼女には頻繁に発信したものだった。

島崎藤村、石川啄木、若山牧水などに影響され、辛さ、淋しさ、貧しさの傷を幼稚な詩作で癒そうとしていたからだ。今思えば、こんなクダラナイものを、と自嘲するばかりなのだが、三年遅れの高一夜間生としては大真面目だった。一〇月六日の誕生日も労働に明け暮れ、二〇歳《はたち》の青春に夢さえ持てない。海岸でみつけた貝がらがじぶんに見えてくる。

移り往く　時の悪さか
　濁りなき　清き水引き
情なき　冷たき風の
　吹きすさぶ　砂の浜辺に
残されし　海の迷い子

貝がらは　そっと涙す

誰かの詩の模写に近いこんな詩を四節書き連ねたハガキの隙間に、今日成人となったこと、級友だった他の人の便りで貴女が盲腸炎になり、退院したのを知ったとか、東京の夜学は四九人の級だが、自分は毎夕遅刻だらけで時には不登校など、近況を表裏に小さなペン字でびっしり埋めて送ったのだった。他に封書もよく出したが「鮑《あわび》の片思い」のラブレターがほとんどだった。

今日ならコピーに事欠かないが、カーボン紙で写しをとるしかない当時にハガキの複写は出来なかった。それぞれに子持ちとなった京都の同窓会、二次会も終った後に久しぶりに二人で話していたら、彼女が小さなハトロン紙の包を私の眼前に置いた。開いたらその全てが三〇数年前に私が出したラブレターだったので驚いた。実はその一部を借りてコピーしたのをネタにこの原稿を書いているのだ。

異性との愛や恋については一切書いたことがない私なのだが、互いに孫までいる歳になっても過去が歴然と判る手紙やハガキの保存ほど正確なものはないと、「記録」の貴重さを改めて知らされた思いがした。そして記録の恐ろしさも身に沁みて知ったのだった。「私とのことは一切書かないでよ！」と四〇数年来連れそってきたカミサンに釘をさされているので、以後の私が異性との愛と恋について書くことはなさそうである。

父親の逐電《ちくでん》

父が雇用した大工職人はすぐに辞《や》め、顔見世興行だった？　兄も花火のように消えて、伯父も去り、荒材《あらき》造りの掘建小屋に姉の姿も無くなって、父と私の二人きりとなると、炊事洗濯は主として父の分担となった。しかし、隣接する工事現場は主体工事を終え、板金、左官、給排水、電気、建具屋など下職《したしょく》の出入りが激しく活気ある一一月だった。彼等と収まり具合とダメ直しの打合せをするのが私の仕事になったから夜学に通いやすくもなった。

早朝から夜中まで出ずっ張りの私だから、帰れば眠るだけ。完成間近くなった一一月一五日の勘定を済ませた後は、父の姿を見かけなかったのに、さして気に止めるゆとりさえなかった。他人に言われて、「ああ、またか！」と父のトンズラに気付いたが、懸命に平静を装った。幾度となく前例があったし、私たちの苦境を救ってくれた堀川武雄氏に、何としても応えたかったからだ。下職に迷惑をかける結果となるのとの板挟みになりながら、工事の終了と引き渡しを優先させねばならなかったふがいなかった自分を今でも悔いている。

東京に来ても父に巻込まれるのは嫌だと、別れの結末を予測していた筈なのに、そして生来の悪人ではない小心者の父が不義理をして逐電（逃げる）した未払い金が多額なものとは思わなかったが、それを承知しながら黙って工事の完遂をはかる自分の卑しい気持が嫌だった。

アル中で無責任、放浪癖まである父を責めても恨んでも仕方がないし、月末支払いの前に工事を完成させるしかない、と焦る私は、また夜学に行けなくなってしまった。堀川氏に引渡しはしたものの、師走でもあり下職の請求熾烈を極め、「裸になれ！　パンツも脱げ！」と大勢に責められ、素っ裸で土下座した屈辱感を今でも私は忘れはしない。半世紀近い年月を経た今日また、借金と赤字経営を背負っている。いつその再現を見てもおかしくない。覚悟はしているが、できることなら勘弁してもらいたいものだ。

世によく「歯に衣《きぬ》を着せない」とか「面従しない」とか言うが、お利口振ったり、八方美人が通用する時代は既に遠い過去のものとなっているのではないだろうか。直言で他と接し語りあわなければ改革などできないと今の私は思っている。

それはともあれ、血のつながりからの協力者に過ぎない、また財布を握ってもいない私なのに、日夜針の筵《むしろ》にさらされた。一二月半ば過ぎには、施主の堀川氏に早朝や深夜に叩き起され、父の悪口雑言をさんざん聞かされたあげくに、「ここからすぐ出て行け！」と迫られるのだった。

二十歳《はたち》の厳冬

所詮は小屋を出ねばならぬ宿命だが、数件の職方未払金を放ってはおけないので、早朝はバケツに水が凍りつき、寒風吹きすさぶ隙間だらけの小屋で頭から毛布をかぶってエビのように体を丸めて寝ているしかなかった。

暮らし淋しいその数々／いつまで続くやら／耳についてる詩《うた》はいつも／ああもう嫌だ嫌だ／たまに歌でも歌っていると／ドアーの外に立った／奴《やつ》の言いたい事がわかる／ああもう嫌だ嫌だ

うろ覚えながら、フォスターの歌が自分の心境にピッタリだった。どうすべきか途方に暮れた。堀川氏と父親と地主間の約束がどうなっているのかさえ判らない。考えあぐねた末に、小屋を解体して材料を売った金で下職に払おうと決意した。朝鮮戦争の特需景気で古釘でも売れた当時、鉋《かんなけず》削りもしないままの荒材《あらき》を釘打ちしただけだから、価値があると気付いたのだ。所有権の所在は疑問のままだったが……。

背に腹は代えられない、ままよ！　と、材木屋に話をつけ大八車を借りてきてからハタと困った。音を立てずには壊せない。ましてや竣工した隣家に施主の実姉が居る、通報されれば揉めるだろう。遂に肚を決めて近隣を戸別に訪ね正直に全てを話した。意外にも逆に同情して食物や金までくれた人たちがいたのを私は忘れない。戦災で疲弊した復興期のさなか、相互に貧しく苦悩した時代だから、他人を思いやる心を失っていなかったのだろう。

炊事用具まで、全てを売り払い、陽のあるうちに小屋を解体し運び終えると、夕方から各職方の家に出向いて支払った。中には払いを待ってくれたり、酒や飯《めし》を出してくれる人さえいた。以後今日に至っても借金から解放されたことの無い私だが、約束が果たせなくなると積極的に、自らことわりを言う借金のコツと極意？　をこの時叩き込まれたようである。

神経と肉体を摺りへらした私が、最後の訪問先に別れを告げたのは真夜中だった。バタ屋の常さんをもう一度尋ねてみようかと思ったが、終電は既に無い。すすめられた酒の酔で足元がふらつく。躰に沁みる寒気で目覚めたら、巻いた毛布を枕に、大工道具入れのズダ袋を左に、青い小型トランクを右に置いて、鉋屑《かんなくず》の山にもぐり込み仰向けに寝ている自分に気がついた。

「お前！　ここで何してるんだ！」と鋭い声がしたので見上げると、私を見下す三人の男がいた。どうやら、店舗の新築工事現場らしく、朝になって職人が来たのだと知った。

無宿者の涙

胡散臭《うさんくさ》い奴だ！　という険悪な六つの目玉に上から見詰められている自分を意識した時、五年前の敗戦直後「満洲」で見たソ連兵たちの眼付を連想した。連日繰返された掠奪と強姦に対して、婦女子を逃がしたり隠したりして扉がブチ壊されるまで押えていた私は、自動小銃の台尻で殴られ仰向けに倒されたことがあった。そしてなお私の脇腹や太股を足蹴にした彼らの血走った凶悪な眼。一瞬だが、かつての体験が脳裏をかすめると、無抵抗にかぎるという思いになる。まして今はこっちが闖入者なのだ、死の恐れがないだけ楽だった。

ゆっくりと起き上ったつもりなのに、私を取巻く三人は同時に一歩後退して身構えるので、下手《へた》に手足を動かすと敵対行為にとられそうだから衣服に付いた鉋屑を払い落す前に、深く頭を下げて謝罪した。沈黙の気まずい空気が流れ、やがて棟梁らしき若い男が、大工道具を入れたズダ袋からはみ出ている鋸の柄に眼を向けて「君は大工なのか?」と言う。

「ええ……、二日酔なので水を……」言い終える前に、髯面の中年男が水筒を渡してくれた。簡単にイキサツを話し終えたら三人が笑い始めた。こうして独身親方の谷本龍雄さんと知り合い、その日から彼の日雇職人になった。戦災復興期の当時は、建築職人が払底していたので僥倖だったともいえる。

私に水をくれた村田甲子郎さんは、土工兼鳶職だが大工の手元《てもと》も務めていた。元関東軍兵士だったという。奇しくも名が私と同じということもあってか何かと面倒を見てくれるのだった。もう一人の大工職の名前はどうしても思い出せない。以後、転職転居の繰返し中に古い日記や資料を失ったり捨てたり、四六年を経た今日では確めようもない。完成まで現場に泊めてくれと谷本さんに頼んでたら、脇から「コウチャン、今夜は我家《うち》に泊れや」と村田さんが口を挟んだ。それが幼少時からの私の愛称だからギョッとしたが、彼もまたそのように呼ばれていたのだろう。一層の親近感を持ち、懐かしさに浸らされた。

　品川区内工場地帯の一角、路地裏で戦災焼け残りオンボロ長屋が村田さんの借家だった。幼い娘、息子と夫人の四人暮し。問われるままに過去を語りつつ夕食をご馳走になった。漆喰壁の穴を新聞紙で塞いだ二階の四畳半、畳表のゴザもムシレていたが、まともな寝床は久し振りだった。子どもとたわむれる村田さんの声が下から聞えてくる。何故か私はボロボロと流す涙を止められない一夜だった。

借間《ねぐら》の情報

谷本さんに現場宿泊の了解を得たので、人気《ひとけ》の無い裸電球の下で乾いた鉋屑を集めて寝床を作った。年内に完成すればここも出なければならないから、夜学に行くことにした。無論この夜も三時間目の授業にどうやら間にあう時刻になったが、欲しかったのは借間の情報だった。四カ月足らずで欠席だらけの私なのに、植民地の生れ育ちで方言がないからか、違和感を持たれず既に数人の友人ができていた。彼らも借間住いだろうと思ったのだ。

千代田区立今川中学を夜間だけ都立一橋《ひとつばし》高校が借りた分校に毎夕、バター、ジャム、コロッケなどを挟んだコッペパンを売る業者が来ていて、職場から直行で登校する私たちは夕食にしていた。パンを齧《かじ》りながら借間事情を聞いた。

いつも詰襟の学生服を着ている木下綏大《やすひろ》君は、最初に仲良くなった二歳年少の級友で、一緒に帰りながら話そうと言う。新宿駅で山手線に乗り替えようとしたら、自分の住まいまで来いと言うので京王線で笹塚まで行った。

駅の改札口を出て甲州街道を横断し、道幅の狭い商店街を少し歩いて露地を右に入った所の、古い木造二階建アパートの二階六畳が木下一家の借間住まいだった。私と同年の姉さんと妹さん、そして父親の四人暮らし、元旧制中学の教師だったが戦犯扱いで追放されたので上京したという彼の父親は、深夜突然の訪問者に嫌な顔もせず、丸だしの九州弁で応対してくれた。そして美しい姉さんに密かに心ときめかしたりしたものだった。

あまり長居をせず早々に出たのだが、綏大君が駅まで送るといって、途中の店「代一元」でおごってくれたラーメンの味が忘れられない。その夜の収穫は、私鉄沿線の不動産屋巡りをするしかない認識を深めたことにあった。それにしても礼金、敷金、前払賃料に手数料を加えれば六カ月分の金が必要なので困り果てた。

反面教師だった父親の真似だけはしたくなかったので、三日や四日間は水腹だけで過ごすのに慣れていた私は、いまでも喰わない日々があってもさして苦痛としない習性が身についてしまったらしいが、この時ばかりは仕方がなかった。躊躇しながら谷本さんに賃金の前借りを頼んだら、二つ返事で貸してくれた。身売りしたような情けなく辛い思いがしたのだった。

人間とは不思議なもので、西も東もわからないのに新宿を起点とする私鉄沿線ばかりを物色して歩いたのは、きっとこの夜の印象が強く私の心に残り、そこに親しみを感じたからではなかっただろうか。

麗しの担任教師

関西で過ごした三年余は、年子の兄と私の日銭稼《ひぜに》ぎが一家八人の明日の糧になっていた。それを承知で親の立場を悪用し、仕事先からの前借金でアルコールに溺れ放浪生活をやめない父のために、家族がどれ程苦しみひもじい思いをさせられたことか。それらを想うと、前貸ししてくれた谷本氏の現場を休んで貸間探しなどできないと自らに言い聞かせた。陽のあるうちは職人は働くのが当然とされた時代なので、夜になって私鉄沿線をうろついた。

二日目、満員の小田急電車で吊輪を握り立ったまま居眠りしていたら、一年C組の私の級《クラス》担任野坂淑《よし》子先生に声をかけられた。――私より年上の松野博志、山崎忠、栗脇吉文、豊田裕幸さんたちに誘われて野坂邸に遊びに行ったことがある。代々木八幡神社前の大通りを隔てた正面ちょっと奥まった高台に建っている、立派な門構えと広い庭のある豪邸に驚いたものだった。服の着こなしなど、品位が深窓育ちを感じさせる女性《ひと》だった。知的な近代感覚と、容姿端麗な若い教師に魅せられたひ、ね、南瓜の生徒たちに、結婚して夫の勤務地「満洲」に渡ったが、日を経ずして夫と死別したので実家に戻っている、とためらいもなく話す先生は、「酔って動けなくなったら泊ってもいいわよ」と気さくに言ってくれたのだった――。

神経を使う毎日だったし、睡眠や食事など満足にとれず疲労困憊していたからだろうか、発車の振動のはずみで、私は、電車の床に倒れてしまった。慌てて起き上がろうとしたのだが、全身の力が抜け去ったようで気ばかり焦るのだった。一瞬だが失神状態になるのは京都在住中にも幾度かあって、救急病院に収容されたりもしたが逃げ出してきた。入院費など支払えるはずがなかったからだ。

私を抱き起こそうとしながら野坂先生は凜然《りんぜん》とした声で言った。「この人は病人です、どなたか席を譲ってあげて下さい！」と。保健体育の教師だったが、そればかりではなさそうだった。「ちょっと疲れてただけで大丈夫です。すぐに降りますから。」席を譲ろうと立上がった人を静止するのが精一杯だった自分が情けなかった。

私の体を気遣いながら先生は下車した。次の代々木上原駅線路脇の小さな不動産屋と貸間を下見する約束が私にはあった。乃木大将に似た髭を生やした爺さんと踏切を渡り、急坂の商店街を登りながら考えた。もし立場が逆だったら俺は席を譲れと言えただろうか？　自信がなかった私はひそかに恥入りつつ、麗人教師に対する敬愛の念を深めたのだった。

嫌な予感

代々木上原駅から登り坂の商店街を三、四分歩けば両側はしもた屋ばかりとなり、その先はT字路に突当る。少し手前の古い木造二階家、柾目《まさめ》の表札に「澁谷区代々木上原町一三一五番地加來《かく》孝男」の墨文字がなんとか読み取れた。狭い玄関脇から急勾配の階段を上った左側の六畳間は、竿縁《さおぶち》天井板や漆喰《しっくい》壁も汚れっ放しで畳表もササクレだっているのだが、早朝に出て深夜に戻りただ眠るだけの私には駅に近いのが何よりだと思えた。

　鼻筋が通った円《つぶ》らな瞳の若夫人が乳飲み子を抱いて案内してくれ、その丁寧な口調にも好感が持てた。唯一の窓は一間の肘掛けで、北側なのに雨戸が無く、木製硝子《ガラス》障子の引違い戸もガタピシしている。共同玄関・便所で、厨房《ちゅうぼう》・風呂など一切無いから外食で銭湯に行くんだよ、と言う乃木希典に似た不動産屋の爺さんに、その場で前賃料、礼・敷金、手数料、合計一万二千円也を支払って契約した。

　工事現場に戻ってスーツケースと大工道具の入ったズダ袋を持って来たら、若妻の姑なる人物が部屋に入ってきて、ジロジロと室内を見廻し、「荷物はこれだけなの？　家具や寝具は？」と怪訝《けげん》な目付きを私に向ける。どうやらこの人は私が浮浪者だと看破したらしいのだ。机などは無いが蒲団は今から……と誤魔化したからにはと、仕方なく夜の街に出て財布の底をはたいて安物の寝具一組を買ってこなければならない破目になってしまった。

四年振りに寝た普通の住宅、その翌朝は一九五〇年の大晦日だったが、夜明け前から階段を上り下りする騒がしい足音で眼が覚めた。入口の戸襖を開いたら、三尺角の狭い踊り場に立って泣いている若夫人がいた。「どうしたのですか?」と尋ねると、「主人の容態が急に悪くなりまして……」と声を詰まらせた。この家の主《あるじ》は病人で、二階の隣り部屋に臥《ふ》せっていたことをはじめて知った。

電話が無いので、教えられた病院まで駈けつけて往診を頼んだ足で私は職場に向った。夜学から帰った私が、まだ見も知らぬ加來孝男さんが入院したのを知ったのは姑さんからだった。息子の入院費用が嵩《かさ》むので、三月分までの賃料を先払いしてくれないか、と言われてビックリ仰天した。大金を払ったばかりなのにガメツイ婆さんだと腹が立ったが我慢した。

文無しで正月三カ日を過さねばならない私は丁重にお断りした。この姑では乳飲み子と病人を抱えた嫁さんは、これからは大変だろうと同情しながら嫌な予感が募るばかりだった。

空《から》財布と怪我の幸運

日本に来て六度目《(ママ)》の正月は、東京で初めて年始休暇を過ごした年だった。「紙の家」での雑魚寝《ざこね》や、掘っ建て小屋の荒板の上、鉋屑の山にもぐり込んで眠ることからの解放感が味わえた三日間でもあった。しかし、全く火の気が無いガランとした六畳間で孤独に苛なまれつつ、一個のコッペパンと水だけで籠城するしかない、侘しく長い時間でもあった。

出入口の戸襖を度々ノックするのは加來夫人の姑さんなのだが、子息の入院費に窮しているとはみえないのに、何故賃料先払いを執拗に迫るのか？　俺の支払い能力を疑ってのこと、という貧乏人の僻《ひが》み根性が湧いてくる。老人に頼まれると弱い私に付け入っているのかも知れないが、空財布なので対応の仕様もないから居留守に徹したのだった。何の落度も負い目もない私が、なぜ息を殺し、周囲に聞き耳立てながら忍び足で便所との階段の登り下りをせねばならぬのか、遠い過去を想い起こす今日では滑稽にさえ思えるのだが、その時は真剣だった。家族を守る親の心と、その強靱な精神に胸打たれる思いがする。

正月四日からの現場は世田谷の国立第二病院だった。老朽化した木造二階建病棟を解体して他の場所に移築補強する工事だ。次の日、足場の上の谷本さんが落とした鑿《のみ》が下にいた私の左腕に刺さって全治三週間の傷を負った。院内だからすぐ手当してくれたが、労災保険の義務は元請にあるので、日東建設㈱の現場事務所に連れて行かれた。

「怪我と弁当は手前持ち」という仕来《しきた》りが、まだ町場《まちば》（街の工事場）で通用していた時代だが、大手建設会社の四段階下請だったので保険の手続きが出来た。半端職人に過ぎない私などが滅多に出入りする所ではなかったが、谷本さんは自責の念にかられてか、山口現場監督に頼みこんで、傷が癒えるまでという条件で、私は箱番（工事現場仮事務所）詰要員にしてもらった。半ば強引だった。

現場の整理整頓、安全対策、資材・機材管理、工程・進行管理など、監督助手の走り使いだから職人の半分に欠ける賃金だが、保険金などを加えて借金を完済した。玉電（現・東急世田谷線）真中駅から渋谷駅経由神田駅の夜学まで、この期間だけは一切遅刻もしなかった。

金と食物と肉体労働に追い廻されてきた私はかなり厭世的になっていたが、計画、準備、報告、連絡など、神経を使う知的な異質分野の仕事に、短期間でも接触し得たのが後年に役立ったのだから幸運だったと思っている。

大雪でありついた飯《めし》

一九五一年一月一四日、東京は大雪に見舞われた。交通機関は完全に麻痺し、稼ぎようがないので苛立ちながら過ごさねばならなかった。夜になると建付の悪い北面の窓、硝子障子の隙間からシューという不気味な音をたてながら絶え間なく雪が吹き込んでくる。古畳の上に白い固まりが積もるので、ボロギレでふき取ったり、ガタビシの建具の隙に古新聞紙を詰め込んだりしたのだが、根負《こん》けし、諦めて蒲団にもぐり込むしかなかった。

ふて寝から目覚めた一五日の朝になっても、まだ雪がコンコンと降っている。ガッカリしたが、こうしていても仕方がない、どっちみち恥も外聞もない身だから、せめて女手しかない家主のために玄関口だけでも除雪してやろうと思いたった。扉を開けるのさえ一苦労したほど雪が積っていた。翌日知ったのだが、積雪量は三三センチメートルだったという。

一足しかない地下足袋をはいて、雪に埋まる足を交互に引き抜きながら坂道を下るのは空っ腹に応えたが、代々木上原駅前の「乃木大将おじさん」の不動産屋からスコップを借りてきた。加來邸前の除雪を終えた時、フッと美人教師を想った。上品なご母堂と育ちの良い彼女も困っているだろう……、駅一つの近さだからついでにと、まるで片想いの女性《ひと》に会えるかも知れぬ口実をみつけたような甘い感情に駆られ、心が妙に弾むのだった。

小田急の線路沿いに向かったのだが、途中には一メートル近い吹き溜り箇所もあって、引き返そうかと思ったりした。わが敬愛する担任教師の家は、門から玄関までが長くゆるい登りのスロープなので意外に時間がかかった。一人がやっと歩ける程の細い道を除雪し終った時には雪が降り止み、太陽がまぶしく輝いていた。

年の暮に電車の中で受けた優しさと恩恵に、これで少しは報いたつもりで気分は爽快だったが、全身の力が抜け切った空腹感に襲われ、フラフラと帰途についた。山手通りまで出るといつ出てきたのか、後から野坂淑子先生に呼び止められ「気がつかなかった」と詫びと礼を言われ、食事にもありつけた。

いま想えばその時の私は、心のどこかで飯が食えるのを予測し、期待した上での行動だったようだ。そして後年、再婚されて梶浦夫人となられた先生は、家屋の改修工事を私に手がけさせて下さったのだった。数多《あまた》の人々にお世話になって生きてきた私の忘れられぬひとこまである。

世知辛い日本

家主の加來孝男さんと初めて会話を交わしたのは三月半ばを過ぎた頃だった。ＨＩＶ事件以後の今日と異なり、半世紀も昔の医師が患者とその家族に、病状や治療の詳細を説明することなど殆んど無かったからだろう、ご本人は肝炎とばかり思い込んでおられた様子だった。どうやら、末期癌で匙《さじ》を投げた担当医が一時帰宅を許してのことと後になって判ったのだが。

部屋の戸襖をノックされたので「ああ、また姑のおばはんか」とウンザリして無愛想に「どうぞ」と答えたら、痩せ細った髯もじゃの顔が半開きの戸から見えた。入院の際はお世話になったと丁寧に礼を述べられ、母親の非礼な言動まで詫びるのだった。きっと若夫人から聞いたのだろう。その節度ある誠実な態度に好感が持てたし、言葉の端々からかなりのインテリとも思えた。「退院したら一杯やりながら話しましょう」と言って別れてから、彼と二度とまみえることはなかった。

まだ日本は物資に乏しい時代で、加えて長期休職の故もあったのか、故人が新聞記者の割には通夜に訪れる人が少なかった。唯一の貸間人の義理から、香典を供え焼香をすませ、立って末席にいきかけたら、喪服で正座していた若夫人がいきなり立ち上がって、くずれるように私の肩に両手ですがりついて肩をふるわせて嗚咽したので、私は一瞬途方にくれた。

居座る数人の親戚・縁者でなくて何故私なのか？　というぶかりと、他人の眼を意識せざるをえない戸惑いでドギマギしながらそっと夫人の手を離して元の席に座らせ、私は逃げるように階段を駆け上がったのだった。悲哀のさなかでの錯乱とはいえ、二度ほどしか口をきいたことがない奥さんが何故――、自分の部屋でそれが気になってならなかった。

それが原因か否かはわからないが、嫌な予感が的中して加來家から転居しなければならなくなった。姑さんの私への風当りがますます強くなり監視と干渉、猜疑の眼が光るので居たたまれなくなったからだ。「男女七歳にして席を同じゅうせず」の教育を受け育った女性の偏見と誤解に弁明しようとも思ったが、もうその度を越えていた。なんで俺がこんな目にあわねばならないのか、納得できないまま引越さねばならなかった。

数カ月後に道で出会った隣家の奥さんとの立ち話で、加來夫人が姑に追い出されるように、赤児を背負って泣きながら里帰りして、今、孝男氏の妹夫婦一家が入居しているのを知った。ここにもまた世知辛い日本があったのだ。

引っぱってくれた山口監督

国立第二病院の病棟移築工事が三月末に竣工すると、臨時の「助っ人」だった私は、谷本龍夫氏のもとを去らねばならない。弟子や子飼いの職人ではない「流れ職人」は、一現場ごとの雇用が当然という時代だったから。その五日前になって突然、私は箱番に呼び出された。「ウチ（日東建設）の潮田専務が自宅の台所を少し模様替えしたいと言っているから、君一人でやってみないか？」といきなり山口現場主任に言われて驚いた。

東京大学建築科卒業の専務取締役など、姿も見たこともない雲の上の人たちの家に出入りするのが嫌だったし、専門家だから何かとうるさいことを言い、注文が多いだろう。関係がまずくなることを懸念せざるをえなかった。躊躇してたら、「木工事（大工仕事）だけを日当（手間賃）でやるだけで、現場管理は自分がやるから大丈夫さ、小学生位のお嬢さんが二人と奥さんだけの留守宅になる日が多いので、柄の悪い職人たちの出入りが心配らしいよ。夜学に通う真面目な青年が良い、早仕舞いして行くのも了承済みだから。」どうやら山口さんが積極的に私を推薦してくれたらしい。

潮田邸が代々木上原の高台高級住宅地の一角で、私の借間に近かったのも理由の一つだったらしいが、四月からは代々木上原駅の反対側、小田急線の線路踏切向うの住人になってしまっていた。それでも徒歩十五分ほどで現場まで行けた。そして、当時映画監督島耕二さんと再婚したてだった女優轟夕起子さんとの仲睦まじい光景を度々坂道の商店街などで見かけたのを覚えている。

全くどこにも次に働く当てなどなかった私に、贔屓の引き倒しで仕事を与えてくれた山口さんには今でも深く感謝をしている。なんとかその厚意を裏切らないために、と柄にもなく神経を使って監督不在のときには下職との打合せや、資材の調達、連絡などまで、自分が出来ることは何でもやったつもりだった。しかし、排他的傾向が強かったその時の、他の下職人たちからは「デシャバリ若造」というレッテルを貼られ、必ずしも好かれたとはいえない。

とにかく、この間は定刻に仕事を終え、まともに夜学に通えたのだから贅沢はいえない。外食券食堂で昼食をとるしかないのだが、お屋敷町にはそんな店など無いので、坂を富ヶ谷町まで下るしかなかった。「百万石食堂」と懇意になったのはこんないきさつからだった。

賄《まかな》い付下宿アレルギー

三カ月しか経っていないのに私が貸間探しに来たので、乃木希典おっさんはビックリし、責任を感じたらしい。「ボロ家だけど八畳、礼敷共一万三千円で即入居可というのがあるよ。早朝でも深夜でもOKという賄い付が条件で間代共月に五千円だ。滅多にないよ、あんたの手数料は只《ロハ》にするから……。」手持金ぎりぎりだからそこに引越すしかなかった。

代々木西原町一〇一三番地の新居は、駅から線路下を徒歩七分位。日本瓦葺の屋根に苔やペンペン草が生え、猫の額ほどの庭には雑草が繁茂する平屋で、家主の六畳間を通過しなければ自分の部屋に行けないのが気になったが我慢するしかなかった。ごく平凡なサラリーマンに嫁ぎ、いまは小・中学生二児の母親だが、夫が戦死したとは家主の浜田女史の弁。

食べ盛りの男の子と三人暮し、筍《たけのこ》生活も行詰ったので最近「二個四《にこよん》」（元職業安定所の仕事で日給が二四〇円だった日雇い人夫）になったという。日焼けした顔だが眼鼻立ちの整った労組運動に熱心な女性《ひと》だった。二・一ストの挫折、朝鮮戦争への介入、警察予備隊の創設など、アメリカとそれに追従一途の日本政府に批判的な私と意見を同じくする彼女との出会いが、その後の東京での日本共産党とのつながりの糸口となったのかも知れない。

家財道具など何一つない私が夜学から帰っても、ガランとした空間が待つだけだった。しかし、部屋のど真ん中に、お盆にのせた麦や芋などのまじった一椀の飯かパンと、一汁一菜に古新聞がかけて置いてあるのを見ると、なんとなく心の安らぎを覚えたものだった。部屋の間仕切り二方は四枚の襖だけだから、隣室の息づかいまでが感じ取れる。次第に「二個四」仲間の男たちのたまり場になり、ドブロクや焼酎を飲んでクダを巻き喧嘩する度合が増して、遂には下劣で淫乱な言動が朝まで続いた。性的欲求の激しい思春期の私には刺激が強過ぎて一睡も出来ない夜を過さねばならないこともあった。

それと併行して、私の二食も粗末となり時には忘れられたりもして、初めて賄い付の条件の意味が解った。主食糧はまだ配給制度下で、昼食分だけは外食券で受取ったが、米穀通帳は家主に預けっ放しだから浜田女史は自由に出来たのだ。子育てのためとはいえ、心まで賤《いや》しくなる「貧しいことは悲しい」痛みをまた胸に突き付けられた。虐げられた弱者の側に立つ変革への情熱さえ冷めてしまう。以後私は賄い付下宿が大嫌いになってしまった。

クラシック音楽と一服

　朝早く浜田女史は高田馬場の職業安定所に向かい、私は潮田専務邸まで歩く。七時前には現場に入るのが職人の仕来たりだったからだが、既に姉娘はヴァイオリン、妹娘はピアノの練習中で登校寸前までやっている。下校後も休む間もなく毎日八時間はレッスンするのだと聞いた。夫人はかつて音楽のプロだったらしく、自ら吾子に教えている。幼児をヒステリックに叱り、時には互いに泣きながらの厳しさと熱意に感動したのを思い出す。

　軍国主義一色の日本が武力で侵略した植民地「満洲」で教育された私は、敗戦色濃厚となるにつれて軍事教練や軍施設での勤労奉仕に駆り出されたので、即戦力に役立たずの図工と音楽はどちらかの科目をとらされた。幼少時から教室や学芸会（文化祭）で自作の絵を張り出されてきたのが、音楽と疎遠となった原因で、未だに楽譜が読めない年寄りになってしまった。

　鉋で削る、鋸を曳く、金槌で叩く仕事なのに、音を出すのに気が咎めたりもした。彼女たちの方は頓着なく同じ曲を何回も繰返し弾いているので、野暮な私でも自然に覚えてしまい、「あっ、また間違えた！」と他人事《ひとごと》ながら気を揉んだりしたものだ。どうやら音楽に関心と興味を持たされたきっかけとなったようだ。夫人は午前十時と午後三時の一服《いっぷく》（休憩）時間にオヤツ（茶と菓子など）を出すのを欠かさなかった。パンや蒸芋などの時には昼食抜きにするため街に出て時間潰しをして戻ってはせっせと外食券を貯め込んだ。

　感謝しつつ片方では、裕福に暮らす連中から見下されて、憐憫《れんびん》の情で施《ほどこ》しを受けているような気がして惨めになり、屈辱と反感さえ覚えたりした。稽古事などは金持の遊びか道楽だと決め付けていたのは貧乏人の僻み根性だろうが、この社会は何故こうも不公平なのか？　民族、貧富、勝者と敗者など差別の立場が逆転したのをかつて体験したからこそ、私には特に強く感じられたのかも知れない。

　戦争中は国と天皇のために弾避《たまよ》けの消耗品として飼育され、敗戦後は置き去りにされて、日本に来てからは世間に放り出された。「仕事は盗んで覚え身につけろ」と、手を取って教えてくれた人などいなかった。芸術修得に真剣に取組む母娘を羨みながら違う世界を垣間見たのが、食、金、物という現実的生活と異なる精神世界に於ける他の存在への目覚めとなったらしい。ちなみに、後年マスコミで喧伝されたヴァイオリニスト潮田益子《うしおだますこ》さんはこのときの姉娘だったのだ。

友、遠方より来る

少子化の時代が来て定時制高校の廃校が続出しているらしいが、半世紀ほど前は、生徒数も多く青雲の志を抱く者もいたようだ。個々の環境と状況は違っても、戦争で肉親を亡くしたり、家庭崩壊などの不幸から昼働き夜学ぶ運命を自覚していたと思える。京都府立鴨沂高校には僅か一学期間しか在籍しなかったのに、級友たちとの文通が絶えなかったのは相性の故もあろうが、境遇を同じくする者同士の共通感覚あってのことだろう。そして、どの手紙からでも社会への批判とか、人間のわびしさを行間から感じたものだ。

放課後毎夜のように加茂川畔で集った仲間の一人・藤岡吉只君が、突然東京に来たいという。汚なくても八畳間だから泊めるには事欠かないが、寝具は一組しかないし、金に困れば輸血用の売血（現献血）している有様だから何のおかまいもできない、と返事した。「二個四」の男とねんごろになった浜田女史から、四月末には部屋を空けろと言われていたが、三歳年下の彼に、それは書かなかった。賄に不満だったから渡りに舟だったが、身勝手の代償として、友人の宿泊と数日の退去猶予を認めさせた。メーデーの朝、「押し掛けの友」を東京駅に出迎えた足で、東京の名所など案内したのだった。

煎餅布団に二人寝転んで夜明け前まで語りあった。彼が上京区紫竹《しちく》で家内工業の西陣織をしていたのは知っていたが、世帯主の兄と異母兄弟という経緯《いきさつ》などは初耳だった。「淫乱な親の血統を引いたためか、僕の性欲は異常なのだ」と暗い顔で言ったり、共に気がある異性の同級生に関する情報など、一七歳で俺より早熟な奴だと脅威を感じたのを思い起こす。

藤岡君をプラットホームで見送ったのが一九五一年五月四日と記憶しているのは、翌日、私が世田谷区北沢四－三八九高岡方の四畳半に引越したからだ。娑婆《しゃば》生活五年生、二〇歳の私が、精一杯の「痩せ我慢の精神」で休職した五日間だった。彼はさして月日を経ずして都立新宿高校に転校したが、同じ釜の飯を食った時期も短くなかった。転職を重ねた後に出版社ブロンズ社を創設して世に良書を送ったりしていたが、何時《いつ》の頃からか音信不通となった。風の便りで昨年他界したというのだが、確かめる術《すべ》もない。

夜の生徒総会

東京都立一橋高校の本校は今日でも国電浅草橋駅近辺に現存しているはずだが、私が通ったのは、神田駅から徒歩二分のその分校だった。戦災で校舎や教室が不足していたからだろうが、オフィス街で働く若者たちの通学の便も考慮してのことらしい。千代田区立今川中学を夜だけ間借りしていたのだ。四年生までの各学年に普通科三組と商業科があったから、八百人余の生徒総数ではなかったか、と思う。

野球部、文芸部などクラブ活動も結構やっていた。ある日、私が転校して初めての生徒会総会があった。自分で椅子を持って講堂に行くのだが、新参者の自分だからと控え目にずーっと後方に座っていた。様子が判らないから黙っていたら議事進行が御座成りのものとわかった。誰一人として意見、質問などの発言がないままというのが不満だったし、疑問点が無いわけでもないのに、壇上の生徒会役員たちだけが喋って、全てお膳立て通りなのに神経が苛立つのだった。

情けない生徒仲間たちだという嘆きから次第にこれではいけないという気持が募って、挙手して発言を求めた。質問をした詳細な内容は忘れてしまったが、生徒会費の収支報告についての疑問だったと記憶する。前例を破った行動だったらしく、殆ど全員の視線が立ち上った自分に集中しているのを意識した。ドギマギしながら発言したら、回答がアイマイで納得できなかったからさらに突っ込んで問うと、講堂壇上の袖から眼鏡をかけた小柄なオッサンがトコトコと真中に出てきて議長に、もう時間がないから閉会宣言をしろ、と言ったのには驚いた。

専制君主の如き言動をとったその人が、商業簿記の教師で生徒会担当の山田先生だと後に知ったのだが、民主主義を学びとろうとしている日本なのに未だにヒトラーもどきの右翼教員がいて命令し、号令をかけているのだから呆れ返り、過去の忌まわしい体験が甦って激しい怒りを感じた。

挙手して即座に立った私は、会の運営は生徒が主体で、生徒が自主的に行うものだから教師が口出しするのはおかしい、と言うと、うろたえた山田先生が、「秩序を乱す奴は退場だ！」と興奮して、声をふるわせながら私を指さした。開き直った私はドッカと椅子に腰を落とし壇上を睨みつけて居座り続けた。

この一件があってからは、校内で冷たい眼で見られるようになったが、一転して目立つ男になってしまったのも決して悔いてはいない。

学生服にズダ袋

中学生で志願して予科練などに行った生徒もいて教師より年長だったり、中小企業の課長までいた時代だったが、丸の内あたりの官公庁や大企業・一流会社の末端従業員が多かったからか、詰襟の学生服姿が印象的だった。今では誰も信じてくれそうもないが、生来内気で照れ屋の私も、その雰囲気に押されて当初は古着屋で買ったヨレヨレの学生服を着ていた。

半纏《はんてん》にニッカズボンと地下足袋姿なら、大工道具を入れた大きな頭陀袋を肩にしていても振り向く人などいなかったが、学生が、手斧《ちょうな》や鋸の柄が飛び出している汚れた袋を担ぐ姿が珍しかったからか、街中や車中で常に他人の視線を肌で感じたものだった。また、生徒総会の一件後は夜学でも敬遠され、白眼視されたり怖れられている自分を感覚的に知らされた。

貧乏を恥ずかしいもの、汚れ仕事や肉体労働を下等とする差別意識が今日に至っても無くなったとは思えない。つい最近まで万物の霊長と自惚れていた人類が、もはや取返しがつかない現状にまで地球環境を破壊し、なお加速度的に死滅の道を驀進しつつあるのは何故だろうか？　自分を大切にする、自分の仕事や能力に誇りを持つのは結構なことだが、人間の身勝手な利己心こそが、それをもたらしたのではないだろうか。

世界中が今、経済破綻で騒がしいことだが、思い上がった人類に下された天罰とでも受け止めるべきだろう。零細企業者たる私たちは、利権も官僚との癒着などにも近づくことさえできなかった者の一人として「不景気が地球を救う」とさえ言いたくなってくる。自らを誇示し他に押しつける気はないが、先ずは自分の身辺、日常の過去を反省し、できることを実践しようと、私も職場の床や便所掃除から始めている。

それはともあれ、自分の椅子を講堂からC組の教室に持ち帰った時にこやかな顔で私を待っていてくれたのが木下綏大《やすひろ》君だった。そして小柄な見知らぬ男が入ってきた。

民主化運動の仲間づくり

痩せっぽちで背丈の低い男がC組の教室に入ってくるなり緊張した面持で、自分はB組の安藤豊だと自己紹介をし、「あんたが正しいと思う。私も発言しようとしたが言えなかった。学園民主化の闘いをやろう」と口を尖らせながら言うのだった。温和な木下君と三人で話していたら、一目で年上と判る恰幅の良い男が入ってきて、村田静夫だと名乗った。それがきっかけとなって話し合いを重ねているうちに、まず生徒会を生徒の手に取返そうということになった。

村田氏は国鉄保線区で働く労組の活動者で、穏やかな口調で意見を述べるB組の一人。印刷技術や機械の著しい発達で今日《こんにち》では無くなった職種だが、安藤君は文選工（活版印刷で原稿に従って活字を拾う職工）で、職業柄からかプロレタリア文学に傾倒する青年。保守党代議士星島二郎が開設したばかりの日本信販社員の木下君。私はフリーの肉体労働者と職業こそ違え、社会人の一員としての自負に燃えていたので、生徒の自主的運営を目指して、積極的に発言をし、時間の無い夜学生の誰もが敬遠したがる級《クラス》委員や生徒会の評議委員に進んでなることにした。

A組からは渡辺、飯塚、伊藤、中付和佐子さん、B組の石井明子、吉田昌代さん、C組の井上、豊田、栗脇、塚越宏子さんなど、枚挙にいとまがないほど次々に仲間が増えていった。

千代田区立今川中学校の校舎を夜だけ借りている高校生も、校内ではスリッパに履き替えるのがルールになっていたが、中学の下駄箱は使えなかった。その不便を痛感させられたので、工事現場の残材を少しずつ運んで、仕事にアブレた日、C組の小さな下駄箱を作り玄関脇に置いた。人気取りの意図が無かったとは言えないが、皆んなに感謝されたまでは良かったのだが、他の級からも注文が次々ときて多忙をきわめたのには参ってしまった。

しかし、それが原因で、学校に住み込みの小使さん（現用務員）夫婦とすっかり仲良しになって、元大工だったというおじさんと下町風のおばさんにすすめられるままに、よく食事をごちそうになったりした。そして直接教わったことはないが、数年前に帰らぬ人となった明治学院大学英文科教授高《こう》本《もと》捨三郎氏が、当時私たちの夜学でイギリス語の教師をしていた。

「予算が無くてまともな業者は相手にしてくれないから……」と口説かれて、お伽話に出てくるような小さな住宅新築工事を東京で初めて手がけることになってしまった。

一日《ひとひ》の終り

学生自治の運動仲間が増えたとはいえ、夜学生には全く時間的ゆとりがない。当時は無論携帯電話など無いし、自宅に電話があるのが稀だから、一九五一（昭二六）年の夏休み中は連絡もままならない。

「奉天」市の小・中学校の級友乙部忠氏から、五年振りの手紙が来たのは八月の初旬で、今千葉市に居るが近く岐阜の親元に帰るので会っておきたいという。ハガキで日程を調整して八月二六日に千葉に出向くことにした。

京都市電の中で偶然出会ったことがあった梅垣宏雄君や、私より三年早く同じ高校に通っていた松吉茂次君から、乙部一家が岐阜に居ると知ったので出した手紙を転送してくれたのだ。彼は肋膜を患い一年留年して五年生で同級となったのだが、分隊長（級長）に任命される優等生だった。体育は得意だが反抗的な私とは正反対の彼と親しくなったのは、きっと彼が心優しい兄貴分だったからだろう。

日本の敗戦色が濃厚となった一九四四（昭一九）年の春、加茂国民学校（現小学校）卒業記念に演劇をやろうということになった。今思えば軍国主義一辺倒の時代によくもまあ生徒の自主性を尊重してくれたものだと不思議なのだが、後年日本に来てから亡くなる数年前までの同窓会などにお招きした当時の担任教師福永昌爾先生の言葉を借りれば、「新天地『満洲』で『五族協和』教育などのモデル校としての意欲に燃えていたからだ」という。

星かげさやかに　静かにふけぬ
集《つどい》のよろこび　歌はうれし
名残はつきねど　まどいは果てぬ
今日の一日《ひとひ》の幸《さち》　静かにおもう

元来は作者不明のフランス民謡だと聞いているが『一日《ひとひ》のおわり』という音楽が夕暮れの全校にスピーカーで流れ家路につくのを促されたのを、加茂小に学んだ人なら誰もが懐かしさをこめて記憶しているだろう。一日の別れを告げるのが『蛍の光』や軍歌ではなかったのを思うと、確かに自由の空気が残っていたようだ。

悪餓鬼《わるがき》が目覚めて少年飛行兵を志願し、飛行軍服に白いマフラーをなびかせながら学友に見送られて出征するという筋書におおいに反発した私は、不参加宣言して校庭で萌え初めたばかりの芝生の上に一人フテクサレて寝転がっていた。ヒネクレ者の私に気を遣い、仲間入りをすすめてくれたのも乙部氏だった。

理由なきはぐれ

横綱双葉山一行の「満洲」巡業の時、私の両腕では抱えられない程の大腿《ふともも》を目前にして人差し指で突いたら、爽やかな目付の横綱に一瞥《いちべつ》された。そして幕下の北陵山がご当地「奉天」出身と紹介されたのを私は憶えている。卒業記念劇の主役丹澤和雄君が校内一の相撲強者だったのは従兄弟《いとこ》の北陵山と血の繋がりの故か、彼によれば清朝の祖霊を祀る市の名所旧跡北陵を醜名《しこな》にしたという。

チビッ子の私と正反対な丹澤君とは仲良しで、仲間で何かを創るのは楽しいから不満はない。如何に早熟《おませ》な一三歳だったとはいえ、一億玉砕・聖戦貫徹ムードで沸く日本社会の中で反戦思想など持てた筈がない。理由もなくはぐれたのはその数日前に起きた家庭騒動にあった。三男の兄孝《たかし》が「奉天工業」在学中に甲種飛行予科練習生の入隊で釜山近くの海軍基地鎮海に行くことになった。その頃の父は酔うと「日本は敗ける」と憚《はばか》らず喋るので、兄は無断で保護者印を押し、遂にその前夜まで言い出せなかったのだった。

わが子を見殺しにできるか！　と激怒した父に殴られ蹴飛ばされても強行したい兄。父の心情もわかる複雑な感情の狭間で困惑する家族を見てると軍隊志願が心底嫌になった。それは一切他言できない時代だから、自ら仲間からはぐれて孤独に生きる感傷に駆られたのは思春期のロマンチシズムのゆえだったのかも知れない。

その私を慰め、純粋な友情で終始してくれたかつての乙部氏を訪ねる車中で追憶し、再会に胸を踊らせた。大きな西瓜をぶら下げて飯豊《いいとよ》印刷会社を訪ねたら、日曜日だったと思うが人気《ひとけ》の無い事務所で彼が唯一人帰郷のための片付けをしていた。千葉海岸を散策し、彼のなじみの外食券食堂で話し、タイマー付の写真機で撮った写真が残っている。

異国での少年時代、敗戦で明日をも知れぬ一年間余ののち、見知らぬ日本での生活。外国育ちの日本人には特異な何かが滲み付いていて、それが共通感覚となり親近感や懐古の情をかきたてられるのかも知れない。

保守党の代議士だった社長の書生をしていたからカメラを準備出来たのだろう。岐阜で婦人服縫製の経営者兼デザイナーで堅実に仕事を続けていたが、この長期にわたる不況下での衣料業種でさぞかし困窮しているだろう。半世紀を越す友好関係故に気がかりでならない。

友情の掘立小屋

千葉で乙部氏と旧情を温めつつ、実は尻に火を付けられた思いで落ち着かない私だった。移転回数が判らなくなるほど間借り生活で転々としたのだが、またしても世田谷区北沢四－三八九高岡方の六畳間を、八月末日に退去せねばならなかったからだ。小田急線東北沢駅からほど近い新築家屋の一室は小綺麗で、大工の棟梁だった老家主は生きのいい職人気質、おかみさんの歯切れの良い言葉も心地良いものだった。

一九五一（昭二六）年で三千円の部屋代は高価だったし、五月五日に入居したばかりなのに、といいちゃもんをつけたいのだが、一人娘の婿迎えが急に決まった経緯を聞かされると何も言えない。室料節約のためルームメイトになる筈の木下綏《やすひろ》大君に、俺は住まいにはツイテ無いとグチりながら、またしても代々木上原の不動産屋に行った。

すっかりなじみになった「乃木おっさん」は、あれこれと物件説明をしていたが、土地を買わないかと突然言い出した。一文無しで二十歳のルンペンプロをからかいなさんな、とちょっとムッとした私に、顎鬚をなでながら大眞面目な顔で「乃木大将」が言う。「ドブ川沿いのゴミ捨場だけど坪五千円で三二坪というのがあるよ。」夜眠るだけだのに稼ぎの三分の一ほどの払いを続けるのは阿呆らしい。その分を借金返済にできればと考えはじめた。

しかし、ローンなど一切無かった時代だから先立つ物は何も無い。と口惜しがる私に人の良い木下君が、七万円位だったら自分の父親から借りられるかも知れないと言うのだった。話が弾んで半分の一六坪を坪四千円で買えるか否かを、おっさんが地主に当たってみることになった。翌日、私は現金買いをしてきた幡ヶ谷の丸一木材店で、六千円を払うから残金を月賦払いとする約束を取付けた。

こうして小田急線千歳船橋駅から線路沿いの細道や、真っ暗な畦道を一五分歩いたドブ川筋の土ならぬゴミを掘って四本の柱を建て、屋根にルーフィング（紙にコールタールを浸み込ませた仮設用の屋根材）を張った所までで全ての建材を使い果たしてしまった。木下君と二人で二日間の作業の末、八月末退去の約束も果たせたのだった。大相撲の土俵のように吹きっさらしだが、盗まれる物など何も無い。しかし、風雨の激しい夜など、四畳半の小屋の四方から容赦なく吹き込む水で濡れ鼠になった二人がふるえていた日々を想い起こす。

木下綏大君がいなかったら私の運命は大きく違ったものとなったであろう。

心の雨ざらし

「数日前から曇天続き、きょうは晴天。俺の心は雨天。日々悶々、金、金、金、そしてタバコ、ニコチン中毒患者望むところ。居候五人、皆勉強家だが俺一人愚かな人生行路を盲目の猪突猛進。崖から落ちて死ねば本望、大体生きていることが間違いのもと、死ねない臆病者。……デカダンスな気持に浸る、アブノーマルな思想と行動、ケンカと借金。

君にこんなことを書いてみても仕方がない。ただ、一人の狂った浮浪児が借金で三二坪（当分のあいだはその半分）の土地と二坪ほどの小屋を建てて、青黒くむくんだ顔をしながら五人の年下の夜学生と生活していることをお知らせしよう。人間なら誰しも、気が向けばこんな男にでもきっと手紙一枚位はくれるもんだ、と期待しながら、せめてもの慰めめいた月並単語を羅列して楽しんでいる男もいるということ、それだけ。秋の次には冬が来るに決ってらァー。ヒューマニズム糞喰え！　と叫んでペンを置くのが至当。

グッドバイ。一九五一年一〇月一〇日」

「鮑《あわび》の片思い」、京都の一七歳の彼女に送った手紙、これでもラブレターのつもりだった。現在《いま》では死語になってしまったかもしれないが苦学という用語を地で行かざるをえなかった私は、少しは他人のためにもなれば良いという思いをその頃から持たされていたらしい。小屋の周囲の外壁にする二分三厘（板の厚み）杉の下見板を二枚、三枚と、下から日を追って張り上げたバラックに、その頃になると六人の夜学生がひしめきあってゴロ寝していたのだった。

戦争と敗戦後に死んでいてもおかしくないのに生きのびてきた僥倖を追憶すれば、いざとなれば開き直るしかないのを肉体《からだ》で習得させられたように感じるのだった。どぶ川べりをゴミを埋めた土地の土手下には細い川が濁り水となって流れていた。掘っても掘っても土地はくずれ落ちてしまうのでコンクリートの井戸側を買って作ったのだが、手押しポンプから出てくる濁り水は悪臭がひどく飲めなかった。

それやこれやの出費が嵩《かさ》んで、月賦払いもしばしば遅延したのだが、居候たちには寸借はしても一切金は出させなかった。顔さえ洗えない井戸水なので、代々木八幡駅で途中下車して、外食券食堂「百万石」まで群れて押しかけ、出入口脇にある道路散水用の水道の蛇口をひねって洗顔するのが日課となっていた。

地べたに板を敷いた上に毛布一枚で眠るのには次第に慣れてしまったが、二〇歳で地主と家主？になった辛さはまた格別のものだった。

弱虫の梁山泊

世田谷区経堂町五二〇番地のあとに、誰々方と書かずに済む手紙を投函できるのは実に五年ぶりだった。「スゴイ所に住んでるね」と大抵の人が言う。田園調布、成城学園などと並ぶ高級住宅地をイメージしてのことなのだ。飲み水にはもとよりふさわしくなく、洗濯すると逆に黄色や茶色くなってしまう井戸水しか出ないとか、ドブ川沿いのゴミで埋立てた土地に建てた掘立小屋とは誰も思わないからだ。別の意味で、確かにスゴイ所だった。

働きながら学ぶことに劣等感などは持たず、逆に誇りさえもっていたので、「苦学生自立会」の設立を提唱していた私に共鳴して参加した連中といえば聞こえは良いが、薄給に占める住宅費の比重に耐えかねて転がり込んできた夜学生達が、水滸伝の梁山泊のように屯《たむろ》していたに過ぎない。泊（湖）ならぬ悪臭を放つ泥水の細い川べり、そして宋江《そうこう》や林冲《りんちゅう》、李逵《りき》という豪傑らしき人物などとは比較にならぬ、意気地無しの弱者ばかりというのが、中国の小説との著しい違いだった。

当初は木下君と二人住まいの筈だったのに、忽ち過密人口になってしまったのだが、何時、誰がどのように入居してきたのだったかは覚えていない。井上幸男、柿沼君などは同じ夜学の級友だったが、オマセで自己顕示欲の強いキザな志賀君は、御茶ノ水駅近くの私立高校の夜学生だったのを記憶している。自称クリスチャンネームのマルチンで呼んでいたので、半世紀ほどを経た今日では彼のフルネームは忘れてしまった。

かなり野放図な青春を過ごしてきたのだが、どうやら私の場合は、過去に置かれた環境とか体験が心に深く根付く先天的な素質の持主だったように思える。生まれ育った異国で日本の敗戦を迎え、支配者側の立場が逆転して町に置き去りにされたのは病人、女、子ども、老人ばかり。その「生命と性」を暴徒やソ連兵の暴行から守らざるをえなかった忌まわしい経験からすれば、地べタに薄板を敷いた上に毛布一枚にくるまって眠る仲間がいくら数を増やそうと同じことだから、さして気にもならなかったのだった。弱虫の梁山泊の人口は更に増加の一途をたどることになったのだが……。

東京での小さな家

私たちの国語の教師、中年独身の清原道子氏にクラブ活動の文芸部誌に寄稿をお願いした。フザケてそのタイトルを「文学老少女の手記」としたら、二歳年上の松野博樹氏と私が教員室に呼ばれて、近年になって問題化しているハラスメントに抵触するとコテンパンに叱られた。級担任の野坂先生が私たちをかばう発言をしたら喰いつかれて、困り果てていた顔がいまも印象に残っている。しかし、それが縁で清原先生宅の本棚作りの仕事にありつけたのだった。

活発化した生徒会の主要メンバーとしての私は、教員間でも知られていたのだろう。廊下で高本捨三郎先生に呼び止められ「今夜一緒に帰ろう」とさそわれた。イギリス語の教師なのだが私は授業を受けたことがないのに何故？　と訝《いぶか》ったが断る理由もなかった。帰路は神田から中央線で同じ方向だから新宿までの車中話で済むぐらいに思っていた。

ありきたりの世間話で新宿駅に着いたら「京王線で一《ひと》駅だから借間住まいだけど寄っていかないか、夜食を準備してるから」とにこやかに言われると、「慢性空腹症」（？）の私は忽ち籠絡《ろうらく》されてしまった。初台駅五分ほどの家で、和室八畳真中の座卓にはすでに料理の皿が並んでいた。小柄で痩せた数学の清水先生がせっせとそれを運んでいるので驚いたが、部屋代節約のためのルームメイトなのだとすぐに気が付いた。

「妻と生後間もない娘を長崎に置いての単身赴任で昼夜働いて土地だけ確保したけど、手持金は八万円しかない、五坪のバラック小屋を建ててくれ」という依頼だった。ローンなど一切無かった時代だった。仲好しになった元大工で、昼は中学、夜は高校の住込み小使さん（用務員）からも私についての情報を得ていたに違いなかった。

一坪（約三・三平方メートル）当り二万四、五千円が標準とされていたから、四万円以上不足している。「普通の建築屋は相手にしてくれない。無理は承知だが、二重生活を解消したいので一間の最低生活でいい、文句は言わないし、一切まかせる」とまで言われると、生来の性格で一肌脱がざるを得なくなった。

酒や肴をご馳走になりながらの私の観察では、良く言えば温厚、悪く言えば柔弱、ソツのない出世主義者と眼に映るのだが、二〇歳の若僧の実験台に立ってくれる建主なのだ。経験と実績が無ければ受け入れてくれない世間なのだからと決意した。ちなみに高本先生は後年明治学院大学英文科教授となった方である。

高本先生の手紙

便箋七枚に毛筆で書かれた一通の手紙がある。受取人は私、一九八一（昭五六）年八月七日付、「金も無いくせに建てたがる男」高本捨三郎と末尾にある。照れ臭いので誰にも見せなかったが、当時のことをありのままに回顧し、建主の心情も率直に披瀝されているので、原文のまま抜粋してみよう。

「本日は三十周年記念品を頂きありがとうございました。家を持つことが困難な時代に持ち得たわが家第一号、あれから三十年もたちましたとは早いものですね。庄さんにとりましてもやはり第一号!!『わが家を建つるは人生の快！』と申しますが、正にその通りですね。しかし昭和二十七（一九五二）年の夏の、初めてわが家を持った私の喜びほどの大きな喜びは誰も知りますまい。建て前の前夜は美しい星空でした。敷地に庄さんが運びこまれた材木の番をするために、私たちは材木を寝ぐらにして星を仰いで一夜を明かしました。私は三十五歳、庄さんは一九歳（?）でした。啄木の歌にありましたね、『不来方《こずかた》のお城のあとの草に臥《ね》て／空に吸はれし／十五のこころ』、啄木は十五でしょうが、庄さんが作るのは詩なんて甘いもんじゃない、ちゃんとした一戸建ちの独立家屋なんだ。あの当時は、一生に一度家を建てられれば幸運な男だとみんなが言っていた。（中略）しっとりとした、伺って新鮮な舌ざわりだろう。少しほろにがいのは雑草の根のようだ。俺の左わきにまんじりともせず寝ているのは十九歳の少年庄幸司郎君。歌舞伎男優のような良い声をしている。親のすねかじりの年頃に、大工の棟梁なのだ。そして左官の木舞《こまい》（壁の下地にする竹）もやるんだ。自分で井戸も掘り、ポンプも据える。イエス・キリストは大工のせがれだったが、大工ってのは非凡なのだろうか。この少年は唯の学生ではない。将来必ずや大事を成就する男だ。

――そんな雑念に追われている間に私もいつの間にか寝入ってしまっていました。そして、ふと気づくと夜はしらじらと明けそめていました。それは人生にたった一度しかない素晴らしい朝でした。

庄建設㈱社長庄幸司郎殿、私にはやはり人を見る眼がありましたよ。あなたは今でも大した人間だと私は思っているんです。（中略）私は相変わらず金もないくせに家を建てたがる男です。ペンキ塗りもまだ終っていない書斎に、早々に入居して、（外国語教育近代化）世界大会の開催を旬日にひかえて、忙殺されています。（中略）忙中閑あり、この長い手紙を書いています。（後略）」

いまではご夫妻ともに既にこの世の人ではない。

一人で建てた家

二間（約三・六メートル）に二間半の小屋、それでも台所、便所、風呂付の一戸建だ。鳶、瓦、左官、電気、給排水などの職方に委ねる予算が無いから、殆どを自ら手掛けるほかなかった。私の身辺にカメラを持っている知人はなく、撮るゆとりもなかったが、翌一九五二（昭二七）年、増築工事の建前《たてまえ》時にその土台が見える写真がある。一九六〇（昭三五）年頃のフジＴＶに「一人で建てた家」として出た時使った写真で、インタビュアーが樋口久子さんだった。少なくとも十職種以上を必要とする仕事を唯一人でこなしたといった内容だったと記憶している。

日本に来てからの数年間、親兄弟を食わせるはめに陥り、さまざまに職を変えざるをえなかったのが役に立った。いきなりぶち当たって学び取らされた面も少なくない。草臥《くたび》れたのは上棟時の建方《たてかた》だった。両小屋角の柱を建て、直角の二方向の土台と、垂直を確認した柱を仮筋違いで固定したら梯子を掛け、桁の片端を肩によじのぼる。柱頭に縄で括って梯子を下りたら移動させて、同様に残る角柱に担ぎ上げた桁のほぞ穴を柱のほぞに叩き入れる。下りる、移動、登る、縄を解いてほぞ入れ。繰り返し作業は小屋材（屋根の材料）も似たり寄ったり、何をしても一人働きは不便で無駄が多いと痛感した。

かつて、関西で働いていた頃には、まだ戦災で焼野原の中の防空壕とか、道路脇のバスの残骸、焼《やけ》棒杭《ぼっくい》と焦げトタン小屋などの住人も珍しくなかった。以後の東京近辺でも建築ブームで、建て主側の喜びと造り手が感謝される時代が長く続いた。他人の為になり、社会に小さく寄与できるという自負心や誇りが、私の生業《なりわい》を支え、他人に育てられたと思う。

「陽の当たる産業」か談合、汚職で政治や社会を腐敗させ、「土建屋国家」になるに至って嫌気がさしてきた。現在でも罪悪感や反省心の一片も無く、無責任が容認されている。せめて、私だけでも終極まで「一人で建てた家」の精神を堅持したいものである。

回顧話のなかった再会

小田急沿線の借間を転々としながら職を求めて徘徊していた頃、知人の紹介で彼女達の家を訪ねた。そして、代々木上原の高台で太陽が燦々と降りそそぐ庭の、芝生の手入れとか、住宅のちょっとした営繕仕事にありついた。隔週末ごとに坂道を上り下りして通ったのだった。近所に朝倉文夫・摂邸があったのを今でもよく記憶している。

私と同じ年端の姉妹二人住まいで、男手がないからということだったが、週末には必ずアメリカ占領軍の軍人が二人来て泊まっていた。訪れるとすぐに、昔の位《くらい》でいえば大尉が姉、少佐が妹の部屋に入る。閉ざされたカーテンと窓が開いて、吸口に口紅のついたラッキーストライクが、芝生の草むしりをしている私に投げられるのを合図に、やりかけの屋内仕事に戻った私だった。

初対面の時の私は、上品な言葉遣いや仕草から金持の令嬢と思っていたのだが、所謂「駐留軍のオンリー」だったと知った。シケモクさえ買えない私は、不潔感と屈辱感を覚えながらも、火を付けただけの煙草を拾って吸ったのだ。時には引き止められて夕食をご馳走になったりしながら、彼女達の親が元製糖会社の経営者で、台湾からの「引揚者」だという話なども聞かされた。性と生きざまこそ違え、戦争難民としての犠牲者という境遇に共通感覚を持たされた。

高本先生の仕事に専念するので当分来られない、休むといっていたのに、完成直後にこの姉のほうから呼出し状が届いたので出向いた。深刻な表情のお姉さんに頼まれたのは、大尉との関係がマズくなった、恋とか愛の話は微妙で自分にもよく解らないから、あなたの顧客で、コロンビア大学出のイギリス語の教師に通訳してもらえないか、ということだった。「痴話喧嘩は犬も喰わない」という諺《ことわざ》がある。嫌な役割で困ったが、一飯《いっぱん》の恩義があるので、思いきって言ったら、意外にも高本先生は即座に了承してくれた。

案内した高本宅の庭で、三人の話し合いを長時間待っていた私は、狭い玄関から出て来た男女《ふたり》の口元に微笑を見てホッとしたのだ。間もなく妹さんがアメリカに帰る少佐に同行する話を最後に、彼女らとの音信は絶えた。

四十数年を経た一昨年、私達の会社前で老婦人とすれ違いざまに呼びとめられ、一瞬戸惑ったのだが「よくぞ覚えておられましたね」と言ったら、「昔大変お世話になりましたから」と。しかし、近況も問えず、回顧話もできない奇妙で偶然の再会だった。

嵐ヶ丘

イギリスの作家エミリー・ブロンテの長編小説『Wuthering Heights』（嵐ヶ丘）の舞台、イングランド北部ヨークシャーのホーワスという荒涼たる丘陵地を目前にした思いがした。そして三回の食事代を節約して観た映画の主役ローレンス・オリビエとマール・オベロンが演じる異常な行動や、激烈な愛に深く感動したのを想い出す。

バックに林と畠しか無い古い写真がある。裏面に「恋と革命のため、その全生涯をうち捨てんとする二人の男、庄幸司郎二〇歳（右）、井上幸男一八歳、昭和二七年六月一八日、嵐ヶ丘にて」と井上君の字で書いてある。受けた衝撃と影響の度合いがわかる。ダイオキシンなどに無知だった時代のゴミの埋め立て地を、ヨークシャーになぞらえて「嵐ヶ丘」と呼んでいたのだった。

ホーワスに吹きまくったのは強風とその音だが、千歳船橋の「嵐ヶ丘」に吹いたのは貧乏と社会の冷たい風、そして世間の偏見風だった。荒地にポツンと建つバラックに、深夜になると得体《えたい》の知れない若者たちが屯《たむろ》するのだから、付近の旧住民たちから胡散《うさん》臭いと白い眼で見られるのが当然だったと思う。

本屋の立ち読みと、友人に借りて車内で読んだ『嵐ヶ丘』だった。捨児だった青年ヒースクリフと、彼を育てた地主アーンショーの娘キャサリン。身分違いの愛は実らず、娘は近くの地主リントンの息子と結婚、女児を生んで死ぬ。ヒースクリフが両地主家に復讐を遂《と》げて、昔の恋人の幻に憧れつつ他界する。作者の自伝的小説といわれるのを読破した。

暗闇の林間道や畦・畠道を通って「嵐ヶ丘」に着いても濁った井戸水は沸騰させねば飲めない。洗濯物も黄色くなるので、時には更に深く掘り進める。日を追うほどに無色透明の水に近づくのだが、小田急線で代々木八幡駅途中下車、百万石食堂での朝食前に戸外の散水栓で洗顔する日が長く続いたのだった。

それから半世紀が過去のものとなって、特に一昔《ひとむかし》前のバブル崩壊からは急速に激変しつつある異常な政治、社会の現状の渦中に在りながら、「恋と革命に生きよう」と大真面目で話し合ったりした青春を懐かしんでいる。しかし、次代以降を生きる人びとが遭遇するであろう「嵐ヶ丘」を予測するだけで胸が痛む昨今でもある。

人間の関係

京都の定時制高校で級友だった高井金吾君が東京に来たのは一九五二（昭二七）年の正月休み中だった。帰洛したら今度は、千葉市に訪ねたことがある「満洲」の小・中学校で親友だった乙部忠氏からの手紙で「印刷会社を辞めて岐阜市の親元に帰る。当分会えなくなるから土曜日の夜来て一泊しないか」とさそわれた。一月一九日に再度千葉に行った。

事務所で片付けと荷造りに追われている乙部氏に、「京都の夜学で同級生だった片想いの彼女にここで恋文を書くから先に終わらせた方がいい」と言って大桃節世さんに手紙を書いた。四七年前のその手紙を見て今これを書いているのだから月日などに間違いはないのだが、思春期の、自分のラブレターを棺桶に近い年齢になってから読むのはなんとも奇妙な感覚にとらわれるものである。実は同窓会で京都に行った時、昔の自分の便りを見せられびっくりしたが、それをコピーしたのだった。

無論夜通し語り明かし、翌日遅くまで行動を共にして別れた。それから一八年間は彼と面談する機会が無かった。四月になると、やはり「満洲」でのクラスメイト、長野県にいた山岸栄一君が半ば強引に「嵐ヶ丘」の小屋に来て遂に雑魚寝仲間になってしまった。大陸育ちの当時の人間は善悪はともかく、日本だけで生まれ育った人とどこかがちょっと違うように私には思える。

今思えば、明日の生計も立たぬ身でありながら、何故ここまで人づきあいをせねばならなかったのか判らないが、どうやら不公平で堕落した体制への強烈な批判と怒りからの貧しい仲間意識と、共生の認識が少しは芽生え始めていたからかもしれない。バブル崩壊後の今日では腐敗は加速度を増して、人びとは目先の利己主義に走り、地球を破滅の一途へ追いやりつつあるように思えてならない。

植民地支配者側から異国で敗戦国民と逆転した立場で生き、同胞女性の貞操と、弱者の生命を、嫌でも守らねばならない少年の時代を過さねばならなかったからこそ、そしてみじめな大量戦争難民を日本で最初に体験させられたうちの一人であったから、人間関係の大切さを躰《からだ》に叩き込まされたのかもしれない。

「嵐ヶ丘」異変

一九五二（昭二七）年になると大学の二部受験勉強にみんな熱心だった。その頃には担任教師が酒見次郎先生に代わっていた。そして国語の教師も清原道子先生から、松本ゆき子先生になっていた。若く元気のいい人で教室で民謡や踊りまで披露するので面白かった。生徒がその学課に興味を持つか否かは、教師次第だともいえるのだろう。

松本先生は労働組合運動にも積極的だったし、反戦平和を説き、社会主義を正しいとし、天皇制をキッパリと否定した授業の光景を今でも私は覚えている。思想・心情的に私たちは親近感を持たされ、多くを学び、勇気づけられたものである。しかし、レッドパージ後だったので、教員間での軋轢はかなりのものであったろう。

或る夜、同級生の佐藤雅子さんが「嵐ヶ丘」に来たいという。見るだけと思っていたら、住みたいというのでビックリした。両親が他界していて、母の妹と間借りしていたが、今度叔母が結婚するので別れねばならない。どこでもいい、と本人はいうのだが、まさか男ばかりが折り重なって寝ている所に入れられないから、簡単に一坪ほど建増しして出入口も別にした。

一週間ほどたった夜中に、酒見先生の来訪を受けて驚いたが、この先生は後に島根大学の数学教授になった方で、教え方も人柄もよく、クソ真面目なので、きっと他の教師たちの話題になっていたのだろう、男ばかりの小屋に女高生が同居していると。今日では噂にもならないだろうが、当時はあまりにも無軌道と心配してきてくださったのだった。そのうち適当な住居が見つかるまで、ということになったが、人口密度が高くなっていた男共は女性の存在にいつも気遣いをせねばならなかった。「そうだろうか?」というのが酒見先生の口グセだったのも想い出す。

以後、佐藤雅子さんが転居するまで、無事平穏に過ごせたからだろうか、後年市川の酒見次郎邸の新築工事を私に請負わせてくださった。

この頃の日本の住宅事情が如何に劣悪だったかを知るひとつのエピソードに過ぎないが、これを機に男性の棟、女性の棟と小屋を分けて居住空間を提供することになったのだった。その頃はまた生徒会活動も次第に活発化してきて、社会党、共産党、労組などのオルガナイザーとの接触も増えはじめたのだった。

「満洲」から送還される時、無蓋貨車、貨物船の船倉で男女混合して三段の蚕棚《かいこだな》に詰め込まれたのを思えば、私には異性の入居者などさして問題ではなかった。

「星の時間」補遺

松本昌次

『告知板』発送準備を終えて（1980年代）

「まえがき」(『追悼　庄幸司郎』に収録された「星の時間」の末尾に誌した予告文)にあるように、庄さんが急逝したため、あとを補う形で第二次『記録』二三四号から二四八号まで、一五回にわたって連載したものである。わたしからみた〝庄幸司郎伝〟を意図したが、力足らず、思いつくままの記述となり、中途半端に終えてしまった。

まえがき

『記録』の再刊（一九九四年七月）以来、六六回にわたって連載された庄幸司郎の自伝的な文章「星の時間」は、その急逝によって、ここで中断となった。残念だが、あとは彼が残した何冊かの著書や、「告知板」等での折にふれた発言で補うしかないだろう。しかし、絶筆となった最終回が、一九五二（昭二七）年はじめで終っていることに、わたしは複雑な思いがある。なぜなら、その年の四月こそ、わたしが庄さんと出会った時だからである。

この人生で、人と人との出会いは数限りないが、「もしこの人に出会わなかったら」という、いわば運命的な出会いとでもいうべきものは、そうざらにあるものではない。仙台の学校を卒業したわたしには、二つの教師の就職口があった。一つは神奈川県立藤沢高校の正規の教員であり、いま一つが都立一橋高校の昼間・夜間部の時間講師であった。前者を選べば、わたしの生活は安定するはずであったが、「夜間」高校に心傾いたわたしは、身分保障もなく、一週間ともたない薄給の後者を選んだのだった。かくして、わたしの運命的出会いは準備されたのである。

わたしは、庄さんと異なり、みずからのことについて書くことは好まないし、また書くほどのこともない。しかし庄さんが書こうとして書くことのできなかったことなどを、「補遺」の形で、『記録』六月号から若干書きつぎ、追悼したいと思う。

薄暗い夜間高校の教室から

すでに半世紀ほども前の一九五二年四月はじめ、わたしは、都立一橋高校の英語の時間講師として赴任した。全日制の本校は、いまの千代田区東神田にあったが、定時制は、JR神田駅から歩いて三分とかからない、今川中学校の校舎を夜だけ借りていて、今川分校と呼んでいた。わたしは、昼間は一年生の女子ばかりの一クラスを受持ち、夜間は、男女共学、年齢もまちまちの三年生の一クラスを受持った。各学年がABCの三クラスに分かれており、わたしはB組だけの担当だったので、生徒会などでその存在が注目されていたC組の庄幸司郎との出会いは、しばらくたってからのことである。

昼間の授業は、退屈だった。少女たちとの英語の勉強などになんの魅力も感じなかった。ただ、これものちの話になるが、映画研究会の生徒たちに相談され、ルネ・クレマン監督の『海の牙』の上映会を講堂（体育館だったか）で開き、その解説をしたりした。しかしこれが、半年でアカのレッテルを貼られてクビになる理由の一つともなった。それはともかく、昼間部にくらべ、夜間部は、わたしをすっかりとりこにした。電力事情は悪く、教室は裸電球がポツポツ灯るだけで薄暗く、たまには停電することもあった。その教室には、工場や会社や官庁などさまざまな職場で働く、一〇代から四〇代とおぼしき生徒もいた。家庭の事情や戦争で、学ぶ機会を失した人たちが、それぞれの服装で、それぞれの向学心を秘めて集まっていた。だが、学校の雰囲気はなんとなく沈うつで、教師たちは生徒に威圧的であり、これが民主主義的な戦後の教育現場なのか、わたしには全く理解できないことだらけであった。

戦後は、急速に反動の時代に突入していた。一九四七年の二・一ゼネストに対するマッカーサーの中止命令を皮切りに、アメリカ軍が「解放軍」どころか、まぎれもない「占領軍」であることが明らかになった。一九四九年一〇月には、中華人民共和国が成立、アメリカと正面から対立する存在となった。国内では、下山・三鷹・松川など、多くの謎を残した社会的事件が続発した。しかし何よりも、一九五〇年六月二五日の朝鮮戦争の勃発こそが、「戦後」の解放的幻想を一挙に吹き払った。日本共産党中央委員二四人の公職追放、レッド・パージ、警察予備隊令公布、一九五一年のサンフランシスコ条約・日米安全保障条約調印などが踵を接した。朝鮮戦争は休戦会談を重ねながら膠着状態のままであった。国内外騒然とし、日々の生活もままならぬ敗戦後七年、夜間高校の一教室が、わたしにとっての社会に足を踏み出す第一歩となったのである。

わたしは、授業よりも、その前後の夜学生たちとの対話に心魅かれるようになった。教室だけでなく、公園や駅のベンチで話し合うのが楽しかった。誰もが貧しかった。やがて、庄幸司郎が、わたしに声をかけてきた。

〝たたき大工〟の出現

何かといえば、夜学の生徒の不勉強をなじり、戦争中の日本をノスタルジックに語る教師たちに馴染むことができず、わたしは、職員室を敬遠して、夕方学校につくと教室に直行することが殆んどだった。廊下の片隅には灰皿が用意してあり、喫煙者の溜り場だった。高校といっても、夜間には酒・煙草をのむ成人が多かった。そこで煙草を吸っていると、チラ・ホラと生徒たちが集まりはじめ、誰からともなく話題に花が咲くのである。

そんなある夕べ、煙草を吸っているわたしに、ずんぐりした見るからに労働者風の一人の青年が煙草をさしだし、どうぞといった。「庄幸司郎」と名乗った。その風体といい名前といい、そして教師を教師とも思わない、どちらかといえば横柄な態度は、一瞬にしてわたしを魅きつけた。はじめに何を話したかなど、すでに遠い時間の紗幕《しゃまく》に距てられて思いだすことはできないが、粗末な労働着のまま、ノコギリなどの柄が飛び出した頭陀袋を肩にかついだ〝たたき大工〟の出現は、それまでのわたしの人生経験にはないことだったのである。

庄建設株式会社創立一五周年を記念したB４判八〇ページの豪華な「営業案内」がある。一九七六年五月三一日発行で、七〇人近い芸術家・学者・作家・研究者・友人などが寄稿、建築家屋の写真や工事経歴なども収められているが、これは庄さんに依頼され、何人かの友人の協力を仰いでわたしが編集したものである。そのなかに今は亡き中国文学者・竹内好さんの一文がある。(『竹内好全集』第一七巻・筑摩書房刊の第一三巻に収録されている。)そこで竹内さんは、「私のすきなコトバ」として、〝たたき大工〟としての庄さんを語っているが、庄さんは、竹内さんに、ある時、「おまえのような男は、日本に革命がおこったら、しばり首になる」といったという。インテリに向って苦言を呈しつづけた庄さんには、あり得ることだが、竹内さんは、この本人を目の前にしてズバリものをいう庄さんを「見どころがある」と書き、「大成するかも知れない」と予言したのである。「大成」したかは別にして、わたしのはじめての出会いも、ほぼこれに近かったのではなかろうか。なにしろ、わたしなどとは対極に位置する、異質な存在としての庄幸司郎が、ズバリわたしをとりこにしたのだった。

夜学の教室には、さまざまな顔があった。授業のはじめやおわりに、彼等の人生や仕事のことを聞くのが、わたしの楽しみであった。そしてわたしは、文学や思想の本について、映画・演劇などについて語った。公園の片隅のポツンと街灯のともるベンチや、電車の中など、お互いにポケットに金はないので立話しなどもあたり前のことであった。喫茶店や呑屋などに入った記憶はほとんどない。そんななかで、庄さんの話は、わたしに強烈な印象を刻み込んだのである。

やがて、一九五二年五月一日、いわゆる宮城前広場での〝血のメーデー事件〟がおこる。

〝血のメーデー〟の頃

〝血のメーデー〟として戦後史に記憶される一九五二年五月一日の第二三回メーデーは、もともと神宮外苑を中央会場として開かれていたが、使用が不許可となった宮城前広場に、デモ隊約六〇〇〇人がデモ行進後結集、待機していた警官約五〇〇〇人と乱闘になり、警官は拳銃を発砲、二人が射殺され、双方で重軽傷約五百数十人を出した。デモ隊の一部は米軍の自動車に火を放ったりして、検挙者は一二三〇人、その後も事件の余波は各所に及び、逮捕者の裁判も長びき、さまざまな問題を投げかけたのだが、実は、庄さんは、その現場にいたのである。庄さんは語っている。

「(一九五〇年夏)上京直後も仕事と寝ぐらを転々としました。その度ごとに日本社会のあり方に疑問を持ち、その不公正、不公平さや矛盾に怒りをおぼえましたので、既に十分にニヒリスティックな青年になっておりました私はますます権力と闘う人間になっていたようです。もうズーッと昔に時効になってますので白状しますが、サンフランシスコ講和条約が発効した直後の……〝血のメーデー〟の時などは、私たちデモ隊を襲ってきた警官隊に徹底的に最後まで石を投げ続けたものです。」

(「私の戦後五十年」本書所収)

ここが〝クソインテリ〟のわたしと庄さんとの決定的な相違なのだろう。わたしもまた、このメーデーに、昼間部で親しくなった同僚のT夫妻たちと参加しながら、ビールかなんか飲んで流れ解散し、

〝血のメーデー〟はあとで知るという有様だった。ということは、夜間高校に赴任して一カ月足らず、まだ、血気盛んな庄さんたちとは深く知りあっていなかったのだと思われる。しかし半年後、わたしがクビになる理由の一つに、このメーデーで先頭に立って赤旗を振っていたという話があり驚いた。ところで、はじめて出会った頃、庄さんは、わたしをどのように迎えてくれたのだろうか。恥かしい思いに堪えながら、「書斎造りを通して出会った人びと」（本書所収）という庄さんの文章の一節を引用させていただく。

「もし、その夜間高校で、あの時間講師の先生との出会いがなかったなら、私の人生はかなり違ったものになっていただろう。その先生はいつも登山帽をかぶっていた。彼は、朝鮮戦争のさ中、レッドパージの嵐が吹き荒れた直後なのに教室で公然と、当時禁句視されていた戦争反対や平和を説き、社会主義を語り、宮澤賢治や魯迅や、サルトル、ゴーリキイ、チェホフなどさまざまな本と作家たちを紹介して論評を加え、生徒たちを刺激するのだった。その豊かな人間性と知識や熱意に魅惑され、触発されて影響を受けた学友たちは数多い。私もまた政治や社会や文学に目を向けさせられ、啓蒙されたことになるが、経験から学びとった勘と実践の一輪車走行だった私に、理論というもう片方の車輪を与えてくれた最初の人だったといえるのである。」

顔も赤らむ、半世紀ほども前のことであった。

戦争難民からの抗議

庄さんや彼の仲間たちと親密の度をより深めたのは、夏休みがはじまる七月中旬ごろからであった。どちらからの提案だったか、ABC三クラス合同の有志たちによるわたしの英語の補講授業を開くことになった。一週間か一〇日間ほどだったと思う。しかし、英語の補講というのは表むきで、それが終わったあとのみんなの話しあいが、いつしか中心となり楽しみともなった。彼らは印刷所や鉄鋼所、当時の国鉄や官庁・商店など、さまざまな職場で働いており、戦争の被害もさまざまな形で受けていた。三月一〇日の東京大空襲で、一ぺんに両親を亡くした生徒もいた。庄さんと同じく、戦争難民として〝旧満洲〟から命からがら引揚げてきた生徒も何人かいた。

わたしは、彼らのこれまでの人生や現在の日々の生活がどんなものなのか、できるだけ聞くことにした。庄さんの〝旧満洲〟での敗戦体験は、ひときわ鮮烈なものだったが、それぞれが背負った体験に、わたしは心動かされずにはおれなかった。そこで、みんなが生活記録を書き、それらを素材にして戯曲を作り、秋に予定されている校内文化祭に発表することを提案した。わたしは、機会あるごとに、宮澤賢治や魯迅、そして戦後文学など、関心を寄せていた文学者や思想家などについて話した。一九四九年一〇月、毛沢東によって成立宣言された中華人民共和国や、アメリカの猛爆にさらされつづけた朝鮮などについても、日本の植民地政策・侵略戦争の責任の深大さとともに話したりもした。

猛然と庄さんたちとの距離が近くなったことはいうまでもない。

　ある日のことだった。庄さんと、戦争難民＝引揚げ者の生徒何人かが、「社会主義の正義をとなえながら、満洲に侵入したソ連（当時）軍は何をやったか。婦女強姦、略奪、殺人をほしいままにしたではないか。このことをどう考えるのか。」と、たまたまそこに同席していた共産党に所属していた（と思われる）女教師のMさんとわたしに、抗議をこめて質問してきた。わたしは当時、共産党とは関係なかったが、アメリカ占領軍を批判し、中国や朝鮮に関心を寄せ、社会主義的な本などもすすめたりしていた。当然の疑問であり、批判だった。

　はじめ、Mさんが、それは戦争一般の悲劇であるというようなことを、シドロモドロに答えた。しかしそれで彼らが納得するはずがない。わたしは、それは明らかにソビエト社会主義の誤まりであり、スターリンに手紙を書いて抗議してもいいといった。結局、手紙は出さずじまいだったが（出しても届くはずはない）、そんなことが、真剣に論議される時代だった。日本国内にはレッド・パージの風が吹き荒れていた（秋の新学期には、この補講でのわたしの話が主たる原因で、わたしは、クビになる）が、一方、それに抵抗する社会主義的・民主主義的勢力も強かった。生活は苦しく、食糧も乏しかったが、誰もが、現実の困難を突破しようとたたかっていた。

〝ガリ版〟刷りの台本

先日、古いノートや原稿や記録などが突っこんであるダンボール箱を久しぶりにひっくり返していたら、薄汚れたよれよれの二冊の台本が出てきた。一つは、表紙に「文化祭演劇脚本第一稿」として、『ぼくらの誓い（仮題）――二幕三場――』とタイトルがあり、「都立一橋高校今川定時制普通科三年共同製作」となっている。もう一つは、構成詩『宮澤賢治の生涯』で、「構成今高文芸部」となっている。前者は、呼びかけに応じた生徒たちから集まった生活記録をもとに、わたしが戯曲に仕立てた作品で、後者も、賢治の詩や童話などから選択し、わたしが解説を挿入して作り上げた朗読台本である。

ともに〝ガリ版〟刷りで、わたしの筆蹟もあり、生徒たちと分担して台本づくりをした痕跡がある。〝ガリ版〟刷りといっても、もはや死語といってもいいだろう。広辞苑には、〝ガリ版〟は「謄写版の俗称」で、「軽便な印刷機の一種。蠟引きの原紙を鑢《やすり》版にあてがい、これに鉄筆で書面を書いて蠟を落してすかしを作り、このすかしを通して印刷インキをにじみ出させて印刷する」とあるが、いまの人には一体どんなものか理解できないのではなかろうか。鑢版の上の原紙に鉄筆でガリガリ文字を刻むので〝ガリ版〟といったが、夜中などにガリガリやっていると、家族から苦情をいわれたものである。しかしその頃は、集会などでくばるチラシや試験答案用紙などのほか、専門劇団の台本などもすべて〝ガリ版〟であった。夜っぴてガリ切りをやって、粗末な藁半紙に一枚一枚印刷し、みんなで仮綴じの台本に仕上げたのであった。このような共同作業に庄幸司郎がメンバーの一人として加わっていたことはいうまでもない。

上演舞台の出来ばえがどんなものであったか、いまはとても想い出すことは不可能だが、その成果にかかわらず、夜学の暗い電灯の下で、昼間の労働で疲れたからだを共に寄せ合いながら、台本づくりから稽古に励んだ熱気のようなものは、今に忘れ難く、わたしの体内のどこかに深く沈んでいるように思える。演劇の『ぼくらの誓い』は、貧乏や労働のつらさや戦争の被害をお互いに語り合うなかから、「いつまでも正しい生き方をするために、みんなで一緒に力を併せて行こう」と誓い合うドラマで、素朴といえば素朴な話だが、こんな内容までが、当時は〝アカ〟の対象とされ、わたしの首切りの理由とされたのである。

構成詩『宮澤賢治の生涯』のフィナーレ近く、わたしは「世界ぜんたい幸福にならないうちは個人の幸福はあり得ない」とか、「おお朋だちよ、いっしょに正しい力を併せ、われらのすべての田園とわれらのすべての生活を一つの巨きな第四次元の芸術に創りあげようではないか」という賢治の言葉を〝構成〟したが、これらがすべて〝アカ〟であり、生徒の不満を煽動したことになったのだった。

そんな時代であった。そんな時代であったからこそ、あるいは、人と人との出会いも緊張感に溢れていたともいえよう。

平野謙さんと庄さん

夜間高校の時代（一九五二年）から翌年、私が未来社に入社（四月）以降に、話は一挙に飛ぶ。夜学での庄さんとのかかわりで書くことはまだあるが、ちょっとした幕間狂言のつもりである。なんといっても、庄さんとの猛然とした（？）夜を日についでのツキアイが始まったのは、私が未来社の編集者になってからであった。庄さんも含めて、いまは亡き私が敬愛した著者たちへの追悼をこめて……。

＊　＊　＊

現代のような〝IT革命〟といわれる時代では想像もつかないだろうが、その頃、自宅に電話がない著者もザラだった。従って編集者は、手紙連絡の上、直接家を訪ねては、本作りの打ち合わせをした。編集者はたえず出歩き、著者や印刷所の人たちと顔つきあわせ話し合うのが毎日の仕事だったといってもいい。

私が平野謙さんの家を訪ねた頃、平野さんは、小田急線柿生駅からほど遠からぬ小高い丘の上の家に住んでいた。〝ゲーテの書斎〟といわれるほどキチンと蔵書を整理し、原稿を書く前には手を洗うというほどきれい好きだった平野さんだが、その家は、高台のため、井戸水をポンプで吸い上げても水の出が悪く、水飢饉に悩むホコリっぽい家だった。「なんとか家を建てたいが、金がなくてねえ」と平野さんはこぼした。編集者は、本のことばかりを相談するわけではない。経済状態については無論のこと、家庭内の問題から、時には離婚話につき合わされることもあった。

その頃——というのは一九五三年から三〜四年の頃だが、庄さんは、大工仕事のない時は、未来社の本整理や返品で汚れた本のカバーがえ（化粧直しといった）などのアルバイトで働いていた。そしてわたしはといえば、著者の家に行くと、編集の仕事のほか、「どうです、親しい教え子の大工がいるんですが、本棚を作りませんか」とすすめたりした。いわば、庄大工の営業マンも兼ねたのである。だんだんと仕事がふえてきたが、そんななかで、平野さんの家を建てることになった。「初期の住宅で最もまとまったのは故平野謙邸である。」と、庄さんは「書斎造りを通して出会った人びと」で書いている。

平野さんには、当時、家を建てるほどのまとまった金がなかった。しかし平野さんと庄さんは、会うなり親しくなり、まず月賦で買える土地さがしがはじまった。わたしは、一九五六年に刊行した平野さんの『政治と文学の間』という評論集づくりを同時併行させつつ、平野さんや庄さんと一緒に、土地・家屋などの情報新聞を調べては、土地さがしに歩いてまわった。そして、建築費も月賦払いで、小田急線喜多見駅から一〇分ほどのところに、平野さんの終の住処《すみか》となった家は建った。

いまは家が建てこんでいるが、広々とした畠や野原のどまん中に、庄さんの手づくりといってもいい〝故平野謙邸〟がポツンと、しかし堂々と建った時の喜びは、今に忘れない。

試作品第一号＝平野謙邸

さきにふれた庄建設株式会社創立十五周年を記念した「営業案内」に、平野謙さんは「処女作ということ」という一文を寄せている。処女作というのは、何も小説作品などのことをいっているわけではない。平野さんの家が、「独立家屋」としては庄さんの処女作だったという意味である。それまで、庄さんはさまざまな大工仕事をしてきたが、一戸建ての家のすべてをとりしきったのはこれが初めてだった。一九五六年ごろのことである。

平野さんは、「土地は小田急の分譲地で、たしか三年月賦か五年月賦」、庄さんは「出来高払い（?）」という「ウソのような条件で建ててくれ」たと書いている。そして「みばえのしない文芸評論家という私の境遇に、一種の義俠心」を、庄さんは起してくれたのだろうと感謝しているのである。一軒の家が、月賦や出来高払いや義俠心でチャント出来た時代なのである。平野さんは、わが家は、庄さんの「いわば試作品第一号」だったという意味もあって、「ゼニカネの問題」を越えた幸運にも恵まれたのではないかとも推測している。

当時、庄さんは、設計図をキチンとひいて、それに従い家を建てていたわけではない。かつての一匹狼の大工職人のように、板きれ一枚に大体の略図を画き、あとは柱一本、壁板一枚を想像力（?）で組み立てていったのではないか。想像力をカンと言ってもいい。平野邸もそうだった。しかし考えてみると、義侠心とカンの良さは、レッキとした庄建設株式会社になっても変らず、庄さんの生涯を貫いた大事なキイ・ポイントだったと思われる。

平野邸が完成したので、ある日、お祝いもかねて訪ねたことがある。しかし玄関をあけて入った途端、わたしはギョッとして立ちすくんだ。目の前の柱が一本（今ではどんな柱だったか思い出せないが）、やや斜めに傾《かし》いでいるのである。それでも平野さんは、テレたような微笑をうかべ、「いやぁー、この柱が少しゆがんでてねえー」と、決して非難がましいことは言わなかった。紹介者としては、いささかバツの悪い思いだったが、庄さんは、のちに無料でこの欠陥を建て直したはずである。また、平野さんは、一間《いっけん》（約一・八メートル）の勾配で上る急な階段（普通は一間半）から転《ころ》げ落ち、足を骨折か捻挫したこともあった。これも確か、庄さんはのちに改造した。

平野さんが律儀に、出来高払いという好意に対して、毎月、小田急線千歳船橋の庄さんの自宅までテクテク歩いてお金をとどけたことは、「書斎造りを通して出会った人びと」にくわしい。平野さんは晩年、食道ガンを病んだ。久しぶりに庄さんとわたしは連れだって見舞ったことがあったが、好男子だった平野さんの痩せ細った痛々しい姿は、今も忘れない。間もなく、平野さんは脳内出血で亡くなった。一九七八年四月のことである。

野間宏さんと庄さん

一九八六年一〇月に創刊、八九年七月に全一〇冊で幕を降した、井上光晴編集の第三次・季刊『辺境』は、当時あった記録社発行で、庄さんが財政面をすべて背負ったものだが、その最終号に、「井上光晴さんとの三〇年」(本書所収)という文章を庄さんは書いている。その文章は、タイトルで明らかなように、井上さんとの交遊を「古い日誌」などを再録しつつ書きとどめたもので、わたしも一緒になってかかわった時代の一コマ一コマが想い起こされ、感慨深い。その冒頭の日誌にこうある。

「一九五九年二月一六日

野間宏宅増改築工事現場から未来社に寄り、約束手形三五万円を受領。未来社編集部の松本昌次さんと一緒に帰る。途中、「これから新宿で井上光晴さんに会うから一緒に来ないか」とさそわれる。何の関係もない小生如きが、と逡巡したが強くすすめられ、結局ついていく。」

以来、井上さんと庄さんとわたしの「三人組の古びたアバンギャルド」(井上さんの言葉)の関係は、井上さんの死(一九九二年五月三〇日)でピリオドが打たれるまでつづくのだが、それらについてはいずれ書くこととして、ここでは、当時庄さんが家を増改築していた野間さんのことにふれよう。

一橋高校夜間部の時間講師をあっさりクビになったわたしを未来社に就職させてくれたのは、失業中にふとしたことで知り合った野間さんだった。一九五七年から未来社の社屋は、野間さんの家から歩いて二〜三分のところにあり、わたしはしょっ中、野間さん宅に出入りしていたが、当然、庄さんを紹介したのだった。そして野間さんは、すっかり庄さんを気に入ってしまった。前出の『営業案内』でも、庄さんの話題の豊富さに感服しつつ、「あらゆる戦後の日本人の労苦の下をくぐりぬけて、日本の未来にたいする犀利な直観を備えることの出来た」事業家、「現代の人間にして超現代の人間」と、野間さんは、庄さんに対し最大限の讃辞を送っているのである。野間光子夫人も庄さんを友人のように大事にしてくれたことを、庄さんは感謝して書きとどめている。

しかしその庄さんが、野間さんに食ってかかった一シーンを、わたしは懐かしく忘れることができない。何人かの編集者が野間さんに招かれた席に、例によってわたしは、庄さんを連れて行った。宴たけなわ、アルコールが十分まわった頃、庄さんは、野間さんの前にピタリと座り、「野間さん、わたしは、あなたの書いたものを読み、感銘を受け、日本共産党に入ったのです。それなのに、あなたは党を抜けてしまった。その責任はとってくれますか！」座は一瞬、シーンとなった。やがて野間さんは、静かに、ゆっくりと、しかし決然と言った。「その責任はとります。」一九六〇年代半ばごろのある夜のことである。

映画出演の話

話は思いつくまま、時間的順序も無視してアチコチに飛ぶ。また、新世紀年頭にいただいた年賀状で、コマギレでまどろこしいから、まとめて書きおろしたらどうかという、好意ある一読者からの親切な忠告もあったが、とても一気に書く体力も余裕もない。ご了承願う。

夜間高校をクビになり、未来社に就職するまでのほぼ半年間——一九五二年秋から翌年春にかけて——は、庄さんには大工仕事が若干あったものの、わたしは完全に失業状態で、大工になりすまして、時折、庄さんの現場を手伝ったりして糊口を凌いだ。そんなある日、山村聰監督の独立プロ映画『蟹工船』（小林多喜二原作）でエキストラを募集しているので、応募してみないかという友人からの話があった。どんな応募方法だったたか、いまは思い出せないが、私は不採用、庄さんは一発で採用となった。大勢の漁業労働者が出演する群衆劇である。青白い大学ポット出のわたしが採用されるはずがないことはいうまでもない。しかし庄さんの小柄だががっしりした体軀や、意志の強さを示す彫りの深い風貌《マスク》は、映画の内容にまさにピッタリだった。

たしか、千葉県勝山のロケ地で合宿生活をしながら撮影が行われた。のちに前進座の名優となった若き日の嵐圭史・嵐芳三郎さんなども出演している。庄さんは、山村監督に可愛がられたらしく、撮影のない日には、二人で釣りをした話も聞いたことがある。なにしろ、蟹工船の中での苦しい労働や船内の生活、そして労働者たちと会社側とのたたかいを描いた映画だから、庄さんもその中の一人として特に台詞《せりふ》はなかったが、ラスト近く、庄さんの顔がクローズ・アップされるのである。

映画は、小説とはちがい、過酷な人間を無視した労働に対し、反乱を起こした労働者たちが、鎮圧する海軍の銃で無惨に撃たれるところでおわる。その惨状を、無念の思いをこめて労働者たちが見つめる姿をカメラが移動してとらえるのだが、そこで、庄さんの顔が画面一杯に映し出されたのだった。カメラ・フェイスというのがあるが、庄さんは写真などの表情もいい。はじめにしておわりの、日本映画に出演した庄さんのほんの数秒の一カットも、悲しみと怒りをこめて魅力的であった。

その後も、庄さんは、映画出演をすすめられたことがあるが、きっぱりと断わった。もし映画界に足を踏み入れていたら、あるいは個性的な傍役《バイプレイヤー》としても存在感を示したかもしれない。ある夜、庄さんと電車に乗っていたら、一人の酔っぱらいが、庄さんに「やあ、フランキー堺さん！」と抱きつかんばかりにして声をかけてきたことがあった。さすがの庄さんも、「違いますよ、違いますよ！」とテレながら逃げだした。しかし考えてみると、庄さんは俳優にはならなかったが、日常の挙措動作においても、実に演技力のある名優だったのではないだろうか。

長い墓標の列

去る二月一二日（二〇〇一年）、わたしが未来社に入社した一九五三年以来、印刷会社の社長というより無二の親友といっていい、入野正男さんが亡くなった。といっても、この人の名を知る人は余りないかも知れないが、ある時期、庄さんとも親しい間柄だった。わたしが二人を引きあわせたのだったが、一九六六年に庄建設創立五周年記念として発刊した〝Business guide〟に、入野さんは「庄さんを宣伝したい」という一文を寄せているから、その関係は相当古く深かった。その文章の前半に、

「庄さんは実に不思議な男だ。庄さんといつから交際を始めたのか、そんなに遠いむかしではないはずなのに、とんと記憶にない。すきま風のように、しのびこんできてわたしから離れようとしない。それでいてわたしはいつも庄さんのやることに文句はない。つまり庄さんは根っからの善人だから、金のない人間をいじめたり、だましたりしないのだ。ごくあたりまえのことをやってるんだと庄さんは言うかも知れないが、常日頃いじめられ通しのわたしたちには、それが不思議な男に見えるのかも知れない。」

とある。入野さんも、関東平野の貧しい一農村で育ち、苦労の果て印刷会社を創業した人だから、労働者として苦労した庄さんとイキが合ったのだった。しかしともに、内面では繊細な思いやり深い神経を持ちながら、お互いに経営者として強く振舞わねばならない宿命を背負ったせいか、晩年はいさ

さか疎遠となってしまった。残念なことである。「営業案内」の記録によれば、入野さんの経営する形成社印刷株式会社の建築の仕事を、一九六八年までに、庄建設は九一五万円余も請負っているのである。親密の関係をうかがわせる。

まあ、それはともかく、入野さんを喪ったことで、わたしは、庄幸司郎とともに親しくおつきあいさせていただいた方々が、この一〇年間で相次いで世を去ったことに、あらためて思いを馳せないわけにはいかなかった。年代順に書きしるす。——溝上泰子（'90・10死去、以下同）、野間宏（'91・1）、井上光晴（'92・5）、山本安英（'93・10）、廣末保（'93・10）、西谷能雄（'95・4）、矢田金一郎（'95・6）、丸山眞男（'96・8）、埴谷雄高（'97・2）、小汀良久（'99・12）、そして入野正男である。これらの方々は、幼なじみの写真家である矢田さんのほかは、わたしが未来社の編集者となった一九五〇年代以降知り合った著者・友人であり、庄さんが家一軒建てた人から、なんらかの建築にかかわった人たちである。すでに庄さんも亡く、長い墓標の列がわたしの頭蓋を、さまざまなイメージを蘇らせながら通り過ぎる。入野さんの通夜・葬儀は、庄幸司郎・都夫妻が眠る東京中野・龍興禅寺にほど近い、天徳院という寺でおこなわれた。お訣れのことばの最後に、わたしは、歌人でもあった入野さんへ斎藤史の絶唱ともいうべき一首を送った。

死の側《がは》より照明《てら》せばことにかがやきてひたくれなゐの生《せい》ならずやも

（二月一七日・庄幸司郎一周忌の前夜記）

一枚の写真から

幻の国「満洲」での敗戦と、戦争難民としての「引揚げ」の苦難の経験を記録した文章を収めた庄さんの著書『原郷の「満洲」』（文游社発行・影書房発売）には、第三部に戦後五〇年の歩みをのべた文章・講演もあり、写真も三〇葉ほど掲載されている。庄さんの人生をあらためて彷彿させるものがあるが、それら写真の中に「一九五六年六月、松本昌次・恵川氏の尾瀬沼新婚旅行に同行、左から松本夫妻、著者、矢田金一郎氏」というキャプションのある一枚がある。なんともテレ臭い写真だが、庄さんと、わたしより六歳ほど年上の今は亡き幼馴染で写真家の矢田さんが、わたしたちの新婚旅行に〝同行〟したのは事実である。妻の名前はちょっと変わっていてエガワと読む。そして新婚旅行といっても、すでにわたしたちはともに生活しており、まあ一つのケジメのような旅に、四人で出掛けたのであった。あらためて写真をみると、燧《ひうち》岳を背景に、人っ子一人いない広い湿原に横たわる枯木に四人は腰をおろしている。現在の尾瀬の混雑ぶりからは想像もつかないが、矢田さんがセルフタイマーで撮ったものである。

矢田さんは、一九九五年六月一二日、七四歳で世を去った。それをさかのぼること六〇年ほど前の戦争中、わたしが小学校三年の時移り住んだ借家のすぐ近くで、矢田さんは結核のため中学を中退して自宅療養していたのである。矢田さんの家は比較的裕福だった。そして優しい矢田さんにさそわれるまま遊びに行ったわたしは、びっくり仰天した。書棚にはびっしり本が並び、蓄音機や天体望遠鏡やカメラがあり、しかもいまだかつて食べたこともない西洋のケーキまでご馳走してくれるのであった。いまでいう、はじめてのカルチャー・ショックである。それまで本らしい本も読んだことのなかったわたしは、教養豊かな矢田さんの家に入りびたり、オヤツつきで本を読ませて貰ったのだった。わたしが出版などにかかわる下地がこんなところにあったのかと、今にして思う。

庄さんと知り合ってからすぐ、矢田さんを紹介したことはいうまでもない。忽ち二人も意気投合し、わたしたちの新婚旅行に〝同行〟する珍道中となったのである。一九七七年九月には、いろいろ世話になったお礼にと、庄さんがヨーロッパ十日間の旅にわたしたちを招いてくれた。同じ四人の旅であった。庄さんもわたしも、写真の仕事はすべて矢田さんに頼んだ。病気中に自己流で学んだ技術だったが、写真の出来は抜群だった。しかし世に出ることを極端に嫌った矢田さんは、自分の写真集は一冊も作ろうとしなかった。建築の仕事は、矢田さんはすべて庄さんにまかせた。浴びるほどアルコールを呑む庄さんとわたしに対し、矢田さんは一滴も呑めなかった。矢田さんのお蔭で、庄さんとの珍道中や集会や日常のさまざまな証拠写真が残ったのである。一九八三年一月、七九歳で亡くなったわたしの母を、最も大事にしてくれたのは、庄さんと矢田さんであり、母もまた、この二人が、あるいは息子以上に好きだったのかも知れない。

岩村三千夫さん一家と庄さん

一九四八年四月からの一年間、わたしは小学校の教師をしたことがある。二〇歳で、東京都大田区立赤松小学校の三年生の担任だった。敗戦の余塵くすぶる、食料も乏しい行方定まらぬ混沌とした時代だった。授業のカリキュラムや指導要領などがあるはずもなく、時間中に勝手に子どもたちと近くの洗足池に遊びに行っても、校長から咎められる恐れもなかった。アメリカ占領軍が放出する脱脂ミルクなどの給食で、辛うじて飢えをしのぐ子どもたちも多かった。

そのクラスに、いまは亡き中国現代史研究家だった岩村三千夫さんの長女・京子さんがいた。日本に勝利した中国では、毛沢東率いる〝中共軍〟と、蔣介石の国民党軍が内戦状態だった。そして、次第に中国を制圧しつつあった毛沢東という存在が、わたしの強い関心の対象となった。戦争中、中国人を〝チャンコロ〟などと蔑称することに馴れ、侵略戦争の実態を何ひとつ知らなかったみずからを恥じ、京子さんの担任であることをいいことに、わたしは足繁く岩村さん宅におうかがいし、中国の話を聞き、すすめられる本を読むことが楽しみだった。そして岩村さんのご家族とも親しくなった。

小学校の教師を一年でやめ、仙台での三年間の学生生活（といってもたえず東京との往復だったが）ののち、わたしは、庄さんと出会う東京都立一橋高校定時制に就職したのである。そして半年で馘になったことは前述したが、その後も庄さんをはじめ集まった夜間生たちと学習サークルを作ったりした。そこに岩村さんにも来ていただいたのだった。むろん講師料などビタ一文払えない貧乏グループだったが、岩村さんは喜んで話に来てくれ、特に庄さんとは意気投合し、庄さんは岩村さん宅の本棚づくりから台所や書庫の改造をやるようになったのである。

わたしが未来社に入社する直前の一九五三年四月のことだが、失業中だったわたしと庄さんは、その岩村さんの紹介で、H参議院議員候補の選挙に、アルバイトの運動員として参加した。H候補は落選したが、市ヶ谷の一口坂にあった中国研究所の事務所にいた〝選挙参謀〟が、土本典昭さんだった。岩波映画に入る前のことである。戦後の映画界に歴史的な一ページをとどめた〝水俣〟シリーズの記録映画を世に送った土本さんとの出会いは、岩村さんのお蔭だったともいえる。それはともかく、庄さんは岩村さん一家に強い印象を残したのだった。

岩村さんは一九七七年病没したが、庄さんのいう「岩村先生の美しい奥さん」は、いまもご健在であり（二〇〇六年一〇月没）、幼ない頃、庄さんに憧れ、大工の弟子入りをしたいといった弟の信夫さんも元気だ。そして次女の道子さんは、澤田章子の筆名で、樋口一葉などの研究家でも知られる文芸評論家として活躍している。澤田さんは、『追悼　庄幸司郎』（アストラ発行）に、その死を悼む一文を寄せ、さまざまな庄さんとの思い出をかたったあと、最後に次のように書いた。――「庄さんと出会ってから五〇年近い歳月が過ぎようとしているが、実家には今も庄さんの造った本棚がそのままになっている。ヴァイタリティのかたまりのようであった庄さんがもういないということが、実感を伴ってこないのはそのためだろうか。ご冥福を祈りたい」と。

演劇座プロデューサーの頃

去る四月二四日（二〇〇一年）、劇作家の秋元松代さんが亡くなった。九〇歳だった。一九七九年の初演以来、一千ステージを越えた評判の『近松心中物語』のラクの前日だった。朝日新聞の談話で、主役を務めた平幹二郎は、「ご自分の芝居が二カ月のロングランを続けるさなか……天寿を全うされ……お幸せな一生だった」と語った。〝お幸せ〟だったかどうか、秋元さんの作品と生涯、そして一九六〇年代における演劇座とのかかわりについては、わたしなりに複雑な思いがあるが、いま、それらについて書くのは控えよう。ただ、庄幸司郎を演劇座のプロデューサーに巻きこんだあたりの若干のエピソードをしるしておこう。

演劇座は、一九六一年一〇月、井上光晴原作『死者の時』（脚色＝菅井幸雄・羽山英作）の公演で旗揚げした。脚色者の羽山英作は、何をかくそうわたしのペン・ネームである。まあ、そんなことはどうでもいいが、演出家・高山図南雄、俳優・灰地順などにさそわれ、演劇座の文芸演出部に籍を置いたのである。それから一九七一年はじめに劇団が解散するまでの一〇年間、わたしは、昼の明るい間は未来社の編集者、夜の暗い間は演劇座という、二足ワラジの人生を送る羽目となった。この間に、花田清輝の『爆裂弾記』や『泥棒論語』、廣末保の『新版《うらおもて》四谷怪談』などを上演したが、なかでも画期的だったのは、秋元さんの『常陸坊海尊』と『かさぶた式部考』を上演したことであった。これらの舞台は、演劇界のみならず、芸術・思想界に広い反響を呼んだのであった。

とはいっても、帝国劇場での絢爛豪華を誇る蜷川幸雄演出、有名スター出演、二カ月満員御礼といった舞台とは異なり、その日のアゴアシ（食物と交通費）にも事欠く、貧しい劇団事情での演劇運動であった。それを見かねた庄さんが、プロデューサーを買って出てくれたのは、一九六〇年代後半だったろうか。秋元さんの作品にも惚れこんだ庄さんは、みずからの所有地に稽古場まで建ててくれたのである。さまざまな事情が重なって劇団が解散に追いこまれるまでのほんの二年たらずだったが、みずから経済的負担を背負い、劇団制作部の責任者として、庄さんは、獅子奮迅の働きをした。いまでも、その頃の庄さんが周囲にまき散らしたかずかずのエピソードは、プロデューサー仲間で語り草になっているほどである。それだけに、劇団があえなく雲散霧消した時の庄さんの失望落胆は大きかった。

庄さんと連れだって、東北地区の労演会議に売りこみに行ったことがある。上野駅で夜行列車に飛び乗ってはみたものの席がない。それではと食堂車のテーブルを二人で占拠することにした。その当時は、夜行でも食堂車があったのだろうか。時間かせぎのため、ちびりちびりとウィスキーをのみ、少しずつツマミを頼んだりして、徹夜を覚悟で駄べっていたが、北に行くに従って降りはじめていた雪が深くなり、仙台には確か数時間以上の延着となったのである。降りる時食堂車で庄さんの払った金は、なんと二人のキップ代を上まわっていた。酔っぱらったまま、会議の会場に飛びこんだ庄さんが、彼を知る誰もが記憶にあるような大弁舌（?）をぶったことは、いうまでもない。

耳学問のすすめ

夜間高校の教師を馘になったあとの一時期、庄さんと私は同棲（?）したことがある。庄さんが自力で建てた一部屋でである。そこから毎朝早く、庄さんは建築現場に仕事に出かけたが、わたしは一日中、ゴロゴロしながら本を読んでいた。そして夕方になると、小田急線代々木八幡駅近くの小さなメシ屋で落合った。わたしがその日に読んだ本の内容を話すかわりに、庄さんがメシをおごるという約束だった。一方はつらい肉体労働をした上で金を払い、一方はただ本の話をするという、まことに不平等条約（?）そのものだったが、当時、二人はそれぞれの役割を尊重しあって何ひとつ疑わなかったのである。

敗戦後一四歳で「満洲」から無一文で見知らぬ日本に上陸、その日から一家を食わせるため、新聞一枚読めぬほどに働きづめに働き、なんとか建築会社を作りあげた庄さんの青春時代に、本を読むなどという余裕があろうはずもなかった。本を読める奴への〝恨み〟は終生、庄さんにつきまとった。それは〝クソインテリ〟という罵倒の言葉にもしばしば表現された。

それゆえ庄さんは、耳学問によって、へたな本読みよりも多くの精神を学んだ。考えてみれば、活字文化以前の口承文化、つまり文字よりも口から耳への〝口伝え〟による時代が、人類にとっては遙かに長いのではないか。柳田国男などが民俗学の世界で明らかにし注目したのも、目で黙って一人で本を読むということ以上に、イロリばたでおばあさんなどによって耳に語りつがれる〝口承文化〟の重要さであった。つまり耳学問である。アイヌ民族は、いまなお、文字はなくとも、教訓に満ちたすぐれた精神を見事に語りついでいるではないか。庄さんは、本を読んだ本人よりも、耳をとおしてその本の主要なテーマを理解するのに、実にずば抜けた素質を持っていた。

のちに、わたしが未来社に就職した関係もあって、庄さんの仕事先には、学者・芸術家などの文化人といわれる人が多かった。前にもふれたエッセイ「書斎造りを通して出会った人びと」の中で、庄さんは「耳学問こそが、私の大きな栄養素」と書き、丸山眞男・藤田省三・西郷信綱・廣末保・野間宏・竹内好・木下順二・内田義彦・平野謙など、実に三十数氏の方々との仕事と〝耳学問〟のさまざまが描かれているのである。例えば、丸山眞男さんについては、次のように書いている。

「丸山眞男先生は最も大きな影響を受けた先生の一人である。専門分野だけでなく、映画、演劇、音楽に至るまであらゆるジャンルにわたって度々お話を伺った。〝病気静養中なので五分だけ〟と言うので上がりこむと、質問したり聞きたがる私が悪いのだろうが、敬愛するゆか里夫人の優遇処置もあって、ついつい一時間以上になってしまう。最長滞在記録に八時間という非常識なのがあり、今でも申訳なく思っている。」

丸山さんの話には、庄さんと一緒にわたしも何回か同席したことがあるが、丸山さんは、たとえ一介の〝たたき大工〟であろうと編集者であろうと、話に手加減を加えるような人ではなかった。文章で書かれたのと同じ相当高度な話も続出した。庄さんは、実に八時間にもわたって、丸山さんの講義を一人で、耳で聞いたこともあったのである。近代が深まるとともに、人間は耳学問の価値を見失ってきたのではないか。さらに〝IT革命〟などによって、パソコンや携帯電話の画面での無言の対話がすすみ、人間はますます耳を退化させるのかも知れない。相手の顔も見ず声も聞かず、一日の大半をひたすら沈黙の対話ですごす時代がやってくるのだろうか。

庄さんは、耳学問の大切さを守った最後の人間だったかも知れない。そのためよく喋り、行き過ぎて相手が辟易することもしばしばだった。しかし、じかに相手の声を耳で聞き、語り合うことこそが、庄さんの存在証明に他ならなかった。

庄さんとオフクロ

この連載のどこかでチラリと書いたことがあると思うが、わたしのオフクロは、息子のわたしよりも庄幸司郎の方が性格としては好きで、何かとウマが合ったようである。オフクロは好き嫌いがはっきりしていて、歯に衣を着せない率直なところがあった。作家の井上光晴さんと庄さんは、終生変わらぬ友情を結んだが、オフクロと井上さんも、同じ長崎育ちということもあって、親子のように仲が良かった。井上さんは、オフクロやわたしの幼い子どもたちにミヤゲものをいっぱい抱え、「バアチャン、元気か」と、かつての日々よく訪ねてきてくれたものである。オフクロと庄さん・井上さんには、どこかで魅き合う共通した何かがあったのかも知れない。

それはともかく、庄さんがまだ夜学生でまともに食えなかった頃、どんなに夜おそく酔った勢いでわが家を庄さんが襲おうとも、オフクロは、「なんだい、まだたたき大工のくせに」と、平気でやり合いながら、家に残っている食物を惜しげもなく出した。いまから半世紀も前、敗戦の余燼さめやらぬ食糧難の時代である。ある時期は、わたしが小さな根城にしていた三畳間で、ころがりこんだ庄さんと寝起きしたこともあった。夜学生や友人の出入りも多かったが、オフクロは、どんな場合も人を最高にもてなさないではおかなかった。庄さんは、そんなオフクロが好きで、生涯、そのことを恩に着た。

わたしはまことに不肖なむすこで、ただの一回も、両親をどこかの温泉などに連れて行ったことはない。そのうちに二人は死んでしまった。しかしそのかわり、といっては変だが、功成り名遂げて(？)庄建設株式会社を創業してからの毎年の社員旅行に、庄さんは、必ずオフクロを連れて行ってくれたのである。いま残っている庄建設社員旅行のどの記念写真にでも、庄さんのかたわらなどで、オフクロがニコニコしながら映っているのである。わたしたち夫婦・子どもたちとオフクロの旅の写真などロクになく、内心忸怩たる思いがぬぐい難いのはいうまでもない。

しかし日頃、わたしは、「水は血よりも濃い」と公言していた。わたしは血の関係にはどうしてもなじめない。天皇制的世襲制度をどう克服するか、これは日本にとって重大な課題だと思っている。庄さんもそういう人間だった。植民地〝満洲〟で敗戦、着のみ着のまま難民として放り出された庄さんが、血族の関係でどれだけ悪戦苦闘したか、それは彼の「星の時間」その他で明らかである。一九八三年にオフクロが死ぬまでの三〇年余、庄さんは、極端にいえば、自分の両親以上に、わたしのオフクロに親しみ、大事にしてくれたといってもいい。オフクロは、息子のわたしをさし置いて、「あたしの葬式の葬儀委員長は庄さんに頼むよ」といった。庄さんが、オフクロの死を手厚く葬ってくれたことはいうまでもない。

書斎造りを通して出会った人びと

庄　幸司郎

木下順二邸建築現場で（1953年）

滝沢英雄氏邸建築現場で（1956年）

「書斎造りを通して出会った人びと」は、『図書』（一九八四年一月号）に掲載され、のち、『図書』編集部編『書斎の王様』（一九八五年一二月、岩波新書）として刊行された。執筆者は次のとおりである。――大江志乃夫・尾崎秀樹・小田島雄志・倉田喜弘・小泉喜美子・椎名誠・下村寅太郎・庄幸司郎・杉浦明平・立花隆・永瀬清子・林京子・星野芳郎・村松貞次郎・山田宗睦・由良君美・吉野俊彦（収録順・敬称略）

庄さんの生前の著書には再録されていない。

『図書』の編集者から電話と聞いて私はおおいに訝かった。私の本業は建築屋で、設計監理・施工などを請負う建設会社の経営者を、一九六二年以来二三年余の間務めている。と言えば一応の体裁は保てそうだが、実のところ私は現場労働者から叩き上げてきた技術屋の成れの果てだ。技術屋の成れの果てでも、〝末世〟を見るような日本社会の現状にすこぶる不満なので、変革の一端としての、実生活に根ざし〝足元から固める〟地域住民運動の高揚を願っている。そして黙っている訳にはゆかぬと考えて、区長公選、教育委員の準公選、反戦平和からゴミ問題までのさまざまな地域活動の便宜上の連絡事務係を担当したりしている。

またヤル気十分の仲間たちと語らって〝たえず民衆の側に立ちつつ、運動としての記録の方法を確立したい〟という考えに立って、一九七九年四月から月刊誌『記録』を発行し、現在六〇号近くになっている。この雑誌の意義と、基本精神だけは誤っていないと自負しているのだが、ご多分にもれず累積赤字に苦慮する発行責任者の私の姿は、他人様の眼には叩き上げてきた技術屋のそれとは大分異なってうつるらしい。

それにもめげず、障害者の自立をテーマとした記録映画『みちことオーサ』（八〇分）をプロデュースするなど、世の中を変えることに少しでも役に立つのならと、ずいぶんいろんなことをしてきた。

そのような社会活動について書いてみないかというお誘いかと話を聞いてみると、どうやら編集部の意図が〝蔵書家たちの書斎を造る話〟や、〝建物としての書斎〟にあると知って、緊張感が一挙にほぐれた。ああ、そういうことなのか、それならば私のホームグラウンドだから――と安堵感を持ったのが誤りだった。気楽に書けそうで書けない、約束したのを後悔してもあとの祭り。永年の間請負金額だの、工期だのと苛酷な契約絶対の世界で過してきた者の性《さが》か、如何なる理由があろうとも約束だけは反古にしたくない。

赤貧洗うが如き私の若い時代に、贔屓でお世話になったのは、数からいえば無論一般庶民の方々だが、ごく初期の一〇代、二〇代で一流の学者や作家の方々と接触が持てたのが、私にとって何よりの幸せだったと思っている。その方々が精神世界に生きればこそ、私の貧乏に同情しながら、どこかに見どころや見込みありとして、育ててやろうと引立ててくれたのではないだろうか。だからこそ経験不足で拙劣な技術しか持たない私を承知で、多忙な時間をさいて色々と話を聞かせてくれたりしたのであろう。それらの耳学問こそが、私の大きな栄養素となったことはまず間違いない。そのような恵まれた私の若い頃の話でも読んでいただいて責めをふさぎたい。

学者の家であろうが、商家であろうが、その屋根の下に人が起居する装置であることに変わりはない。しかし、農家は農家、商家は商家といったように、自ずとその中に住む人の利便を反映した構造が望まれる。学者の家は、と言えばやはり、他の職業の人に比べれば書斎の比重が大きいと見られるのが一般であろう。そこは主にとって自宅であると同時に、言ってみれば「勤め先」の一部でもあるからだ。

＊　＊　＊

私が単身で、頼るあてなど全くないままに上京したのは一九五〇年だった。幾つかの土建会社で現場用員などを転々とした。正しいと思って上司に意見を言ったりすると馘、労働組合を作ったり、作ろうとしたら馘の連続で、就職口がなくなった。仕方がないから、直接受注、直接施工を目指す元請以外はやるものかと決心したまでは良かったが、蒼黒くむくんだ顔の欠食青年が一人で力んでみても世間がどう変わるでもなかったし、満足な知人さえいない無力な若造に、仕事が向うからやってきたり、継続するはずがなかった。四日間ぐらいの水だけ飲んだ空っ腹には慣れっこで夜学通いは続けていた。その夜間高校までもが昼の中学の間借りで何の設備もなかったので、仕事にあぶれた日に各級ごとの下駄箱を造っていたら、夕方出勤してくる先生たちから自宅の本棚などの仕事の口がかかってきた。英語の先生高本《こうもと》捨三郎氏のたった五坪の一戸建住宅を建てたのは、一九五一年一〇月だった。私が東京では初めて造った住宅で、そこで皮革装丁の洋書というものに初めてお目に掛った。翌年四月に増築した時、お茶菓子や食事などをふるまって下さった夫人と同様、この家はもはやこの世にはない。

一九五二年四月の一一坪の二軒目の住宅は高本先生の兄上のお宅で、その次がこのご兄弟の師だった故竹中治郎先生のお宅だった。亡くなる直前まで常陸宮妃の英語の個人教授をしていた方だから大量の書物があり、書斎と本棚造りをはじめて実践から学ばされたものである。バタ臭い（?）英語の先生が、和服姿で座蒲団に座ってちゃぶだいで書き物をなさるのを知って、意外だったが、書斎造りは使う人によって千差万別なんだと知らされたものである。

この頃のことはまるで昨日のことのように思い出される。

もし、その夜間高校で、あの時間講師の先生との出会いがなかったなら、私の人生はかなり違ったものになっていただろう。その先生はいつも登山帽をかぶっていた。彼は、朝鮮戦争のさ中、レッドパージの嵐が吹き荒れた直後なのに教室で公然と、当時禁句視されていた戦争反対や平和を説き、社会主義を語り、宮澤賢治や魯迅や、サルトル、ゴーリキイ、チェホフなどさまざまな本と作家たちを紹介して論評を加え、生徒たちを刺激するのだった。その豊かな人間性と知識や熱意に魅惑され、触発されて影響を受けた学友たちは数多い。私もまた政治や社会や文学に眼を向けさせられ、啓蒙されたことになるが、経験から学びとった勘と実践の一輪車走行だった私に、理論というもう片方の車輪を与えてくれた最初の人だったといえるのである。

東北大学を卒業したてのこの先生は、あっさり馘になり、生徒たちは復帰と学内民主化の熾烈な闘いを起したのだが、悪い時代に、時間講師という弱い立場なので復帰は果せなかった。その仲間たちのサークルで先生に紹介してもらった針生一郎氏に、ルカーチを学んだのはこの頃である。後年、平屋の針生邸をお神楽（二階増築）にしたのも私たちだが、膨大な本の収納には苦労したものであった。

休日や深夜にはその先生のお宅の六畳の居間は生徒たちのたまり場になって、私も年中出入りしているうちにご家族とも懇意になった。間借り代の支払いに窮した私は、三間しかない先生の家に転がりこんだ時期もあり、息子以上に私に母親らしくしてくれたこの家のおふくろさんには、居候の分際で、言いたい、したい放題、世話と迷惑のかけ通しだった。そのおふくろの次男坊、今日でも私の文学や芸術の教師であるかつての時間講師の名前を、松本昌次という。未来社の元編集長で、今は影書房という出版社をつくった、その人である。

失業中の松本師と、仕事がない私は、参院選に出馬した故平野義太郎先生のアルバイトの運動員に出向いた。選対責任者をしていた土本典昭氏には、よく新宿の屋台で白乾《パイカル》や餃子《ジアオズ》をおごってもらったが、まさか、貧乏記録映画作家が後年、小さな増築工事で私の施主になろうとは予想もしなかった。そして、建築屋の私が記録映画の制作で映画作りの手ほどきを受けたのだから、輪廻生死、運命はいたずら好きなようである。

本業の写真は勿論、旅行、登山、サイクリングなど趣味的な面での先生は矢田金一郎氏で、松本氏の幼な友だちだが、自宅の建築はもとより親類縁者の殆んどを私に紹介して今の会社の基礎固めをしてくれた一人である。全く同様にしてその頃の私に、自分の人間関係の全てを惜しみなく結びつけ、金銭的援助までしてくれた人に泉三太郎（山下三郎）氏がいる。紹介された人びとは数知れぬほどで、現在なお変わらぬ強力な支援を頂いているのだが、山下邸は、藤田省三・松沢弘陽両氏邸など、草昧期の他のお粗末な仕事に負けず劣らずの私の失敗作で、それらが今なお現存していることを私は羞恥を覚えながら告白しておかねばなるまい。

安東次男、木島始、篠田浩一郎の諸氏も古くからの顧客だが、初めて会ったその日以来、会えば必ず酒を飲みながらそれとなくいろいろと人生万般にわたって教示してくれるのが井上光晴氏である。西郷信綱、廣末保、藤田省三の諸先生たちと、新宿でよく一緒にスマートボールなどもやった思い出があるがこの先生方には親鸞や、荻生徂徠、平家物語、西鶴、源氏物語などを数年間にわたって真面目に教わったものである。全て松本師との関係からだが、それは野間宏先生の紹介で彼が未来社の編集者となって以後のことであった。

入社直後の松本師から西谷能雄社長に紹介され、社の在庫本を収納するための棚造りや西谷邸の棚造りなどをした。その頃の未来社は本郷東大農学部前の東大キリスト教青年館の古びた建物の一室にあって、薄暗く狭い部屋に机と平積にした在庫本の山の間を、体を斜にしてすり抜けながら、三、四人が蠢いていた光景を思いだす。そこが私が仕事にあぶれた日のアルバイトまでもたらしてくれた。返本のカバーや帯の取替え、スリップの入れ替えなどだが、ともかく私にも、かつかつで飯が喰える時代の到来が目前に迫ってきたのだった。

西谷社長も機会あるごとに著者を紹介してくれた。猪野謙二先生の古い土蔵の上に増築したのが、学者のまともな（？）書斎造りの最初だったと思う。最近私たちの手で改修工事をしたとき、蹴上《けあげ》寸法が異常に高い急傾斜の梯子段は撤去せざるをえなかったが、下手な作りの本棚など、当時のままそっくり現在も保存しておられる猪野先生の、〝造った人間の心を尊重し、使った人としてそれらを懐かしむ〟豊かな心情と人間性の温もりが、私の胸に痛いまでに伝わってくる。

同じように、遠い過去に私が増改築して今なお残る建物の一つに野間宏邸がある。よくご馳走になりながら文学の話などお聞きしたのだが、庶民的で気さくな光子夫人は、金が無くて滅多に行けない映画や芝居に、幼なかった息子さんたちを連れて行ってくれといって電車賃まで出してくれた。それらの一つ一つが私の精神的、芸術的糧となったのである。

丸山眞男先生は最も大きな影響を受けた先生の一人である。専門分野だけでなく、映画、演劇、音楽に至るまであらゆるジャンルにわたって度々お話を伺った。〝病気静養中なので五分だけ〟と先生が言うので上がりこむと、質問したり聞きたがる私が悪いのだろうが、敬愛するゆか里夫人の優遇処置もあって、ついつい一時間以上になってしまう。最長滞在記録に八時間という非常識なのがあり、今でも申訳なく思っている。そこにもかつて私自身で造ったままの書斎や書庫が現存しているのだから、言い知れぬ懐しさと喜びを、感謝とともに感じないではいられない。記念に頂いたフルトヴェングラー指揮のベートーヴェンの『第七』SP盤は今でも大切に保存している。

もともと私は〝偉大な建築家〟や〝大事業家〟などになる気がなく、あるいはなれなかったと言うべきだろうが、自分自身としては江戸時代の〝出入りの職人〟を志向してきたつもりなのだ。メカとかテクが優先する複雑多様化した社会機構の故にそれが不可能なら、せめて〝出入りの建築屋〟ぐらいにはなりたいものと思ってきた。私たちに明日の糊口の資を得られるよう配慮し、建築主を紹介してくれた関係者の全ては到底書ききれないが、猪野先生には品川力、永積安明他の先生方を、丸山先生には故竹内好、長幸男・武田清子ご夫妻をはじめ数多の教え子だった諸先生方を、私の直感だけのこけしの鑑識眼を買ってくれた小林昇先生も、住谷一彦、三戸公、関泰祐・楠生父子の諸先生他を、さらに竹内先生が小野忍ほか多くのお弟子さんの諸先生を、長先生ご夫妻が紹介してくれた伊東光晴氏の親類縁者の方々を建築仕事で荒し廻ったのもこの私である。三〇余年間で私の人間関係図表は、交差し、重複し、縦、横、斜線、鎖線、曲線まで入り乱れて複雑多岐にわたっているのだが、かつて知人一人さえいなかった私は、つまるところ人間関係そのもので生き、学び、育てられたのである。恩恵を受けた私が今、人の関係を大切に思い、他と社会に少しでも役立つならと、自前で何かをやらかそうとしている部分がもしあるとすれば、それはお返しの一端にすぎない当然のことであろう。

それにしても、利得の伴わない善意の紹介者ほど引合わないものはない。うまくいってもともと、下手をすると己の関係まで破壊され、他人のために一生怨まれかねないのだ。拙劣無能な私のために多大な迷惑と損失を受けた方、私の実験台となって被害を蒙った人びとも多くあるに違いない。往時を振返ると冷汗をかき、罪の意識にさいなまれる。

故岩村三千夫先生の紹介で故大山郁夫先生の戸塚のお宅に日参したことがある。遺骨を安置する造り付けの祭壇を作るためだ。岩村先生の美しい奥さんからその時もらった感謝のハガキを私は今でも保存している。そして、『風浪』の登場人物さながら、殿様か家老の奥方を見るように奥ゆかしく、時と場合によっては切腹さえしかねない凛として上品な木下順二先生の今は亡きご母堂が、毎夕きまって食事を出してくれ、時には衣類や日常用品までをキチンと紙に包んでくださったのを私は忘れはしない。仕事が切れると不思議とハガキが舞込み、達筆すぎて私が読みとれない文字にはちゃんとルビがふってある気遣いように感激したハガキもである。

躁鬱症（?）とかと聞いてビクビクしていたのだが、住んだまま増改築した工期中に、深夜まで床板のサンダー掛で騒音をたて、木の微粉を部屋中にまき散らしても、ただの一度として内田義彦先生に叱られたことがなかった。そればかりか自ら電気掃除器を操り手伝って下さったのには驚いたのだが、演劇や音楽についての知識は丸山、内田両先生から仕入れたものが殆んどである。

初期の住宅で最もまとまったのは故平野謙邸である。ローンなどなかった時代の月賦払いの土地と建物だったから、完成後に毎月一回千歳船橋駅から一五分以上の道を、神経痛の足を引きずりながら、自分で建物の月賦を払いに来られるのだった。或る冬の夕方、猫の額ほどの庭に現われた平野先生は、硝子戸を開ければ隅々まで丸見えの六畳一間きりの私の小屋の中に、大きな腹を抱えた妻の姿を認めると、「ありゃ、しまった！」と言う。何事かと驚いたのだが、すでに出産済と思って天井から下げるオルゴールをお祝いに買ってきて下さったのだった。その時腹の中にいた娘は現在二七歳になっている。何年かして、どこかで出す本に先生のお宅と私のことを書くがいいか、と先生から問合せがあった。当時の法規では建ぺい率を若干違反していたので、それを建てた私に迷惑がかかっては、という配慮からだった。また何年かして、私が研修会や講座を始めると、一度は必ず無料で講義をしてやろうとの申入れがあった。そしてまた何年かして、もし私の単行本でも出たら書評か推薦文を書いてやると冗談めかして言ってくれた。私の唯一冊の本『他者と私』（農山漁村文化協会刊）が出版される前にこの世を去られたので、結局そのどれ一つとも実現はしなかったが、いかにも、日頃から〝中途半端が好きだ〟などと言っていた平野先生らしい。直接学んだ多くのものがあったから、それらのチャンスを逃したのを私は少しも残念に思ってはいない。見事に、〝プティブルジョア・インテリゲンツィアの道〟を地で行く生き方をした平野先生にも、区画整理問題では、徹底的に開き直って、権力に立ち向っていく一面があった。予算の都合でスペースを切り詰めたからと言い訳もできようが、急傾斜の階段から足を滑べらせて落ち、足に怪我をして入院した平野先生を見舞いに行ったら、自分の不注意だと言って怨言や非難がましいことは一言半句も口にしなかったのには感動した。だからだろうか、後の書庫増築の際には和室の居間と同一の二階フロアーに、と固執された。一階部分をコンクリートブロックと鉄骨の併用としたのは、膨大な単行本ばかりでなく、同人雑誌からガリ刷のパンフまで丹念に保存しているのを収納する重量を計算したからだが、今思えばこれもまた私のお恥かしい作品という他ない。

新規の施主の殆んどは初対面だから、生活様式や趣味嗜好など知る由もない。出来る限りお会いし、お話したりしてそれとなく観察し、探索するのだが、その点では物書きの先生方は楽だとも言える。文化人などは神経質で気難かしくて大変だろう、などとよく同業の人などに言われるのだが私はそんなことを思ったことはない。私には難解でも、著書や関係記事など読み噛っていれば、行間や文章の端々から何かが感じとれるし、第一そんな必要性もなければ私などは専門違いの読書などに精を出す機会はあるまい。話題豊富な方が多いし、無口でも施主の専門分野の話題ともなると饒舌となり、無料で個人授業を受けて学べる上に、職業上の必要事項を探知できるのだから、その幸運を甘受すべきと思っている。書斎とのつながりで出会った人びとのことは忘れることができない。

ところで、『書斎の王様』とは誰だろうか。それはむろん、そこで知的作業、仕事をする、その人であろう。私にもこの年齢になれば少なからぬ本がたまってきてはいる。そしてさんざん他人様の書庫や書斎を拵えてきた私だが、自分では書斎の意味は未だのみこめない。書斎は使う人のために存在する人間の生活空間の一部分である。そして、そこを拠点として書物をどれほど深く読みこみ、己の血や肉や精神に浸透させたかが貴重なのだと思っている。本はどこに積もうが置こうがどうでもいいし、立派な書斎などは単なる装飾物にすぎない——とは暴言であろうか。私が造った本棚や書斎の持主たちがそれを使いこんで、どれほど優れた仕事を残し、人間として生きるかに私の関心は集中している。だから私は、尊敬してやまぬ素晴しい私の顧客たちに深謝しつつ、その一端を敢て実名で書かせて頂いたのである。私の粗末な知識で書斎論にうんちくを傾けてみたところで何程の意味があるだろうか。ここに書きとどめた殆んどの先生方は、それに数十倍する庶民の方々同様に、今日なお私が〝出入りの職人〟を務めさせていただいている方々である。

井上光晴さんとの三十年

庄　幸司郎

1960年２月18日、新井薬師駅前の電話ボックスで井上光晴氏と共に（矢田金一郎氏撮影）

「井上光晴さんとの三〇年」は、井上光晴編集、第三次季刊『辺境』第10号（一九八九年七月）に掲載され、のち、『原郷の「満洲」』に収録された。『辺境』発刊の事情は本文にくわしいが、第10号は終刊号であった。井上さんは恰もこれを見届けるかのように、大腸癌で入院。手術、さらに肝臓・肺などへの転移で凄絶な執筆・闘病生活を経て、一九九二年五月、この世を去った。

廣末保さんの家の設計を打合せていたある日のこと、「庄建設株式会社というのは字並びがいいね」と廣末さんが言った。だからといって、四十年間、細々と他人様の〝家造り〟をつづけてこれたわけではないが、そんな私がなぜ第三次季刊『辺境』の発行人などになって〝本作り〟までするのか、編集者井上光晴さんと私との関係を知らない人にとっては理解し難いことだろう。

当然のことである。もともと、井上光晴さんと私とは、〝家〟とか〝本〟とかには直接かかわりの無いつきあいだったのだ。井上さんの言葉を借りれば正に三十年来の〝飲み友達〟以外の何ものでもないが、しかし私の側から言えば井上さんは、実は文学はもとより、人生諸事万端の先輩であり教師なのだ。

記録社が第三次『辺境』の版元となったいきさつや理由をいくらのべてみたところで、そんなことは、日本の文学界はもとより読者や関係者の方々にとってはさして意味の無いことだから、今日まで極力発言をひかえてきたつもりである。あえて求められた時には、三十年間も井上さんにただ飲みただ食いでたかってきた〝一宿一飯〟の恩義への、私のささやかなお返しのつもりなどとお茶をにごしてきた。しかしこんなことをいうと、良い意味での〝職人気質〟など無きに等しくなってしまった現実の日本では、私までがヤクザまがいの義理人情か、仁侠道の世界に生きる人種と誤解される向きもなきにしもあらずである。なにせ私の職業からして、また人相にしても、映画やテレビに登場する悪役のボスやドンにうってつけなのだから。

この十号で第三次『辺境』は一応、完結する。それを待つことなく、「編集者としても、動かしがたくみえる現実に対して、想像力を頼りに問い直しを続けていきたい」という井上さんたちは、まずは函館を出発の拠点としてこの三月（一九八九年）に新たな季刊文芸誌『兄弟』を創刊している（『兄弟』は一九八九年一〇月、二号で休刊）。悪化の一途を辿る日本の現実に文学を方法として立ち向う井上さんの強烈な意欲とその執拗さには敬意を表するほかない。己の目的達成のためには他人を利用し、〝喉元過ぎれば熱さ忘れる〟現実的目先の利得で生きる人間が多い時代に、「第三次『辺境』発刊があっての『兄弟』だから」と、井上さんは、一五〇人もが集った〝『兄弟』創刊号出版記念会〟に〝アゴ・アシつき〟で函館に私を招待してくれ、さらに第三次『辺境』最終号に何か書けということである。

『辺境』発刊当初、編集は井上光晴さん、制作作業と発売は影書房、金ぐりと発行人は私と決めたその日から、相互の役割分担と責任を果せばそれでいいと考えてきた私だから、他人を気遣う井上さんの人柄を良いことにして金銭の負担をかさに恩着せがましく編集権を犯すようなことだけはしたくなかった。各々が己の仕事の分担に徹してこそ一つの運動体の協力関係はスムーズに進むのだ。だから裏方の私が『辺境』に書くなどということはためらわざるをえない。しかし井上さん同様、私もまた、自分なりに絶えず自らの生き方を変革すべく、自らに問い続け、友人たちとさまざまな文化運動をすすめてきたつもりなので、井上さんとの奇妙な関係の一端を、古い日誌から若干補筆しながら摘出してみよう。

井上さんと私との部分にのみ限定してできるだけ他の方々の迷惑にならぬよう極力留意したつもりである。それでも前後の関係から、削除できなかった部分もあり、万一、どなたかを傷つけるようなことがあったとしたら『辺境』を十号まで世に出して戦後文学をあくまで継承しようとする運動の片棒をかついだ私の〝生きざま〟に免じて、どうかお許しいただきたい。

一九五九年二月十六日

野間宏宅増改築工事現場から未来社に寄り、約束手形三十五万円を受領。未来社編集部の松本昌次さんと一緒に帰る。途中、「これから新宿で井上光晴さんに会うから一緒に来ないか」とさそわれる。何の関係もない小生如きが、と逡巡したが強くすすめられ、結局ついて行く。

新宿・東口の大通りを横断、露地を入ってすぐの左側、「澤の鶴」の看板が目立つ「三州屋」の引戸をあけて入ると、正面の部厚い白木の備州檜のテーブルに入口を向いて井上さんが腰掛けていた。松本さんが私との関係や連れて来たいきさつなどを話すと、立上って挨拶をして、「ああ、そうですか、まあ座って飲んで下さい」と、ブッキラ棒なほど気さくに井上さんは言う。松本さんは人と人とをつなぎ合わせるのがうまい。人柄の故であろう。

材木・左官・建具屋など、各職方の支払いがコゲついて巨額の借金となってしまったので、すべてを返済して転業する決意を固め、世田谷区・千歳船橋の借地とバラック小屋を売払い、小額の残金を小さな土地購入の頭金として、二年前に中野区・上高田に移住したばかりだから、三万円の月収の半分は月賦返済、親子三人の生活費にゆとりがある筈がない。たまに松本さんたちと新宿西口商店街のバラック街で、小さなグラス一杯の白乾《パイカル》と一皿の餃子や二十円のライスカレーや天どんを食うのが精一杯、それも帰りの電車賃を気にしながらだから、ここぞとばかりに口いやしくも、井上さんにすすめられるまま、酒と肴を次々とご馳走になってしまった。

読んでいた井上さんの小説のイメージからすればもっと重厚な感じの人かと思っていたのだか、眼鏡越しの顔はむしろ柔和ささえ感じさせられた。酔った勢いから井上さんに、「東海林太郎か田川水泡に似てますね」と小生は思わず言ってしまった。

『現代批評』に連載中の作品（『虚構のクレーン』）の原稿をもらって単行本にするのが、編集者の松本さんの仕事らしいのだが、そんな話は殆どなくて、現代の文化・政治・社会などに対する批判的な話ばかりだから、具体的で大変面白かった。小生の無知さをおもいしらされたが、学ぶこと多大。

一九五九年三月九日

野間宅の仕事帰りに未来社に寄る。今日も原稿の催促なのか、松本さんが井上さんの家にまわるという。またさそわれて、大工の下小屋らしい材木置場の奥の粗末な木造二階建四間ほどの借家住まいに上りこむ。

井上夫人が手早く料理を作って出してくれるのだが、それがすべて実にうまい。祖母に育てられたという井上さんは、「ほれ、ばあちゃん、飲まんね」と冷酒をばあちゃんにつぐ。酒が大好きとのこと。奥さんは小生より一歳年上の一九三〇年生まれと知る。

人はみなそういつでも、気分のいい時ばかりではないはずなのに、松本さんの腰巾着のようについてきてただ飲みただ食いの厄介者、井上さんには損あって得の無い小生なのに、いつも変らず、まるで飲み食いさせるのが当り前みたいな雰囲気があるのが不思議だ。松本さんのおふくろもそうだが、何カ月間も居候をきめこんでただ飯を喰っていた夜間高校生時代から、小生は松本さんの家族同然に扱われてきた。その頃から、他人の家で平気で飲み食いするクセが小生についてしまったのだろうかと思う。井上さんと飲んでいると遠慮する気などさらさらなくなってしまうのだから妙だ。

井上さんは相変らず大声でよく喋りまくる。こんなに発散していたら内部的な蓄積は雲散霧消してしまわないか？　これでよく優れた小説が書けるものだと、こちらはつい余計な心配をしたくなる。

〝からみの松〟とはよくつけたアダ名だが、真面目人間の松本さんは酔うと事ごとに執拗に正当な理屈で井上さんに喰いついたり、突っかかる。そのやりとりが小生にはまたとても面白くて有益なのだ。

ついに終電が無くなり、松本さんは拙宅に泊る破目になる。

一九五九年三月十五日

今日の読書会は有島武郎の『宣言』をめぐってだったが、チューター、メンバー共にありきたりな発言で得る所なし。午後十時閉会後に、松本さんがいまから井上さんの家にいこうと言う。

「今日のはあまり良くないんですけど……」などと言いながら郁子夫人が、沼袋商店街の〝魚文〟から取寄せた刺身や酒をすすめる。イカサマ〝おいちょかぶ〟やトランプの手品などを井上さんが披露。さすが、かつて香具師もやったと言うだけのことがあり見事なもの。フランス産らしいが綺麗な緑色のアブサンに生れて初めてお目にかかり、口当りの良さからつい呑み過ぎてダウン。松本さん、またもや帰宅不能になり拙宅泊り。

一九五九年七月三十日

中国文学者竹内実宅増改築現場から経堂の〝亀の甲〟へ。二年前まで住んでいた街並がなつかしい。世田谷での運動仲間〝奉天一中〟の同窓、チョンガー時代からの長年の小生のバラック小屋の居候でもあった山岸君の結婚祝いだから出席しない訳にはいかない。中野へ移住以来、初めて区議の川村正治さんやロシア文学者の中本信幸さんと会った。

閉会後新宿で松本さん、新日文の玉井五一さんと落ち合い、またしても井上光晴さんに深夜までおごってもらった。

いつもたかっているようで気が引けるというと、「某週刊誌のルポを書いて稼いでいる金だから、そんなことは気にするな」と井上さんは言う。金遣いが荒いというか、綺麗というか、まるで金そのものを憎悪しているかのように、パッパと遣って無くしてしまおうとする。これほど金銭的執着心を嘲笑し、物質に固執する精神を軽蔑しているかのように見受けられる人物は、小生の生きる世界とその身近には珍らしい存在だ。質屋通いや、某政党の機関紙誌だけを持たされて、それらを売った金で旅費、食費をまかないオルグに出向いた時代の話など、小生も体験したことで身につまされる。それにしてもこれほど見事に他人との飲み食いで金を遣うことに平気な苦労人を見たことがない。きっと、井上さんは、金の力とか金の価値を本当は十分に良く知っており、そのありがた味を強く感じることのできる人ではないだろうか。

出版関係者の松本さんや玉井さんは仕事上の関係があるからまだしも、松本さんのおふくろが言う通り、〝カチワリ大工〟にすぎない小生までを、何故こんなにおごらねばならないのか、井上さんには何の得もないことだと思うと恐縮せざるをえない。

月収三万円ほど、その半分は土地と家の月賦で消え、財布は常に空っぽだが、それでも小生は自宅持ち。借家住まいの井上さんにいつでも金を払わせるというのも考えてみれば妙な話である。新宿の〝みどり寿司〟から、〝未来〟や〝茉莉花〟などの金のかかるバーまで出入りできるのは井上さんと会った時だけだ。

一九五九年八月八日

電話で呼ばれて新宿西口の〝菊正〟に行く。井上光晴夫妻と松本さんのほか二、三人の人がいて話がはずんでいた。小雨の中を駅に向う帰り道、酔っていたせいもあるが郁子夫人に言ってみた。「井上さんは男のわりには腰が小さいなと初めて会ったとき思ったんだけど、柳腰なんですね」。

「そうなのね、結婚する前に私もそう言ったことがあるのよ」と夫人が笑いながら言う。

公衆ＴＥＬ代三回三〇円、交通費二二〇円、飲み代は例によって井上さん持ち。

一九六〇年一月十三日

新宿区・西五軒町の形成社社長、入野正男宅新築現場から三鷹の高溝宅に行き半日コンクリート打ちをする。終了後、井上光晴宅にまわる。いささか疲労気味。松本さんと午前0時半まで飲む。「おーい松本、きてみんか、ほら、こんなに血の出よるけん」と井上さんは便所の戸を開けて中から明るく叫《おら》ぶ。痔の出血がかなりひどいらしいのに、それでも平気でつきあう精神構造は一体どうなっているのだろうか。一見乱暴に見えるときもあるが、井上さんのさり気ない他人へのやさしい思いやりやサービス精神には、教えられるところが多い。さすがに、松本さんは井上さんの痔ケツまでは見に行かなかったが、ケラケラ笑っていた。

一九六〇年二月二十八日

入野宅から幡ケ谷の材木屋で木材を積込み、トラックで世田谷の安東次男宅現場行き。荷を下して国分寺の柾木恭介宅現場に廻り事務所に帰る。夜、井上さんに呼ばれて訪問、『虚構のクレーン』の新刊書を署名入りでもらう。勢いのある見事な署名に感心する。

一九六〇年四月二十八日

夕刻、写真家矢田金一郎さんが工事金二五、七二〇円を持って来訪。話題豊富な矢田さんとダベっていたら、井上夫妻、松本さん、入野さんが連れ立って来訪。玄関脇の四畳半で車座になって呑む。下戸の矢田さん、入野さんのために〝OKキッチン〟（近所のレストラン）に洋食の出前を注文。矢田さんからの入金があるから今日は安心。

わが家のアルコール類が品切れとなったため買いに走ろうとしたら、井上さんは珍らしくかなり酔ったらしく、ポケットからとりだした千円札をほうり投げ、「おい、これで買ってこい」といった。私の知るかぎり、井上さんは、その一家に余り金が無いとすると、見舞いとか息子の入学祝いとかにかこつけてさり気なく多額のお金を渡す人なので、ちょっと驚いていたら、これまためったに怒った顔など見たことがない矢田さんが「お金を投げるとはなんだ」と怒りだしたのだから、今夜は珍しいことだらけだった。

小生もよく職人と飲んでいる時など、乱暴な口調になることがあるので冷汗ものだったが、育ちの良い矢田さんには理解できないことなのだろう。しかし小生には、金のない悲しみはよくわかっており、井上さんのテレというか、逆のあらわれがわかる気がする。

一九六一年二月十六日

松本さんのおふくろ（初枝さん）が、昨日からわが家に泊っていたが、今日から井上夫人出産のため家事を手伝いに行くといって九時頃出て行く。

一九六一年二月二十五日

世田谷区・祖師ケ谷の現場からの帰りに新宿でオルゴールを購入。井上さんの長女（荒野さん）誕生のときぐらいはささやかなお祝いをしなければと、松本さんと落ち合ったのだが、これまでにご馳走になったのにくらべると余りにもささやかで恥かしい。

過酷な月賦払いに追われているとはいえ、小生は家持ち、安月給の松本さんも親の家にいる。借家住まいの井上さんにたかってばかりいるというのも、考えてみれば申しわけない話だ。

一九六一年三月十七日

徹夜でＨ社社員寮設計図作成。大泉学園駅にて未来社西谷能雄社長に会い、小林昇宅新築工事予定地下検分。帰路、西谷さんが沼袋の藤田省三さんの家に寄るとのことで案内する。

三人で近くの井上さん宅にいったが光晴さん不在にて夫人に会う。

夕刻、井上宅より帰りの松本初枝さん来宅、世田谷区・若林の自宅の地主との件相談にのる。

一九六一年三月二十五日

井上さんよりＴＥＬあり、夕刻新宿〝ロゴスキー〟にて夫人と三人にて食事後、松本宅に行き、翌二六日午前一時三十分帰宅。車代四〇〇〇円。

一九六一年五月一日

メーデー解散後、藤田省三宅に行き、さそって井上光晴宅に行きご馳走になる。

Ａ５判三〇〇ページを遥かに越える第三次季刊『辺境』の創刊号から九号までをまじまじと眺め、ページを繰ってみる。この二年八カ月間発行し続けた過程では資金繰りに窮したこともあったが、私の口からグチや泣言は一切言わなかった。小さな誇りとしたい。

執筆者を数えると、一九八六年十月創刊号が三十七人、二号は二十一人、八号が最大で四十人、九号まで通算のべ二四一人。十号を加えればおそらく三〇〇人近くの方々が『辺境』に執筆して下さったことになろう。これらの方々が、安い原稿料で執筆に応えて下さったのは、すべて編集者井上光晴さんの人格と熱意によるものだが、発行者としてここに厚く謝意を表したい。

また、三号の四十二社をピークに、のべ三三人の出版関係社が広告を掲載してくれたのは、雑誌の内容によることも大きいが、広告掲載の実務にご尽力下さった電通・木村迪夫さんのお蔭であり、経済的に大変助かった事実をご報告して各出版社、木村さんに深謝したい。

編集の実務や校正の一切をしてくれたのは影書房の松本さん、米田卓史、米田順さんであり、協力した記録社の横須賀忠由さんや、更に、印刷（入野さんと新栄堂の長谷川憲一さん）、製本など直接生産にたずさわって下さった多くの方々と、ここまでやり遂げた喜びを分ちあいたいものである。

一九六二年二月に四・五畳の事務所で法人化したまではよかったが、次第に「近代化」されて行く社会の波に抗すべくもなく、職人気質の世界の良さは失われ、賃上げ、未使用休暇の現金払いなどの要求から、サボタージュ、ストライキなど、私が労働者側としてさんざん経験したことを逆の立場から初めて経験させられ、私一個としては、大変勉強になったものだった。そのため五カ所の工事現場は全面ストップ、仕事の質も著しく低下して、この時の建主を仕事の上で裏切る結果となったことはいまなおお大きな悔恨として深い傷のまま残されている。

一九六五年のある日、井上さんから電話があり、ローン買取りの公団社宅が当ったが、友人の中に会社社長といわれるのは庄さんしかいないから、クーラーの月賦に至るまですべてを含めて保証人になってくれという。私が二つ返事で引受けたのは言うまでもない。

一九六五年二月三日
中野駅前で井上郁子さんを車でひろい、桜上水の公団住宅の造り付け本棚の寸法取りに行く。不在中、画家池田龍雄さんと、『近代建築』編集部よりＴＥＬあった由。
一九六五年二月七日

下小屋から井上さんの本棚材運搬。
かねてから「呑んだくれの父を連れて行くから引取ってくれ」と諫早《いさはや》の姉から電話で散々いわれていたので、午後四時三十分東京駅着十七番ホームに迎えに行く。関西方面の父の子どもたち（私の兄弟姉妹）や親戚の家を三十数軒転々とし、どこでも嫌われどおしで、最後に長女の嫁ぎ先に行ったとのこと。酔ってホームにくずれ折れ寝込んでしまう父の姿が情けない。とりあえず、ひとり住いの兄の借家に同居してもらうことにする。不在中、作家川上宗薫さんと平田文也さんよりTELがあった由。

一九六九年九月六日
伊東光晴さんからTEL、水道本管修理の話のついでに、岩波書店からの井上光晴さんへの原稿料が誤配されてきたので本人に伝えてくれとのこと。
井上さんにTEL。いま『文學界』『文藝』のほか『世界』に書いているからだろうとのこと。近く豊島書房より雑誌『辺境』（第一次）を個人編集で出版するとのこと。

一九七〇年四月十六日
井上光晴さんよりTEL、本で一杯、本気で一階四間、二階三間ぐらいの住居を探してくれとのこと。

一九七〇年六月十二日
小原フサさんよりTEL、『辺境』三冊欲しい。

一九七一年九月頃まで、井上さんとしばしば連絡、資料を送ったり、物件の下見をしたり、銀行ローンの交渉などをたび重ねた思い出がよみがえってくる。何度足を運んでも適当な物件に巡り合わないので、それまで自宅の建築を嫌がっていた井上夫妻も、ほとほとくたびれてしまったようである。

一九七一年九月一日

井上さんよりＴＥＬ、「面倒だから建売か借家でもいいと思っていたけど、土地を買って庄さんに建ててもらうことに決めた」とのこと。

一九七二年六月八日

井上さん宅に行き、夫妻と一緒に不動産屋を伴って、上北沢と調布の土地を見に行く。度重なる土地の下見には二人ともウンザリしている様子。井上宅に戻り入浴。『文春』西永達夫さん中井さんとも、三人で昼食をご馳走になる。

帰社後、郁子夫人からＴＥＬあり、不動産屋が明朝までに返事をくれと言う、手持金の件、ローンの件など打合せ。

一九七二年七月五日

午後七時井上宅に行き、設計プラン打合せ。新建材やアルミサッシュなど使わず、本物の木で造ってくれ、他はまかせると井上さんはいう。橋川文三さんと講談社の橋中雄二さんが来る。松本さんの紹介で五月に橋川さんの本棚造りを小生はしているので知り合いの仲。飲むほどに橋川さんが「ここは、お国を何百里……」と歌い出し、亡くなった弟さんの話などから、どうなったかよくわからないまま小生と口論になってしまった。橋川夫人が同じ団地の別棟からかけつけて収まったが、小生は完全にダウン。ソファーにそのまま寝込んでしまい、深夜に、小便をするつもりなのだがタンスに向っていて、井上夫人に便所までつれていかれたのをもうろうと覚えている始末。これはヤバイ。

一九七二年九月十五日

朝井上さんよりＴＥＬ。夫人の母親死去、九州行きのため建物配置確認の立会いに行けない、まかせるとのこと。

一九七二年十月三十一日

井上光晴宅上棟。

一九七三年四月十九日

郁子夫人からＴＥＬ。伊東光晴さん宛の請求書が誤配されてきたので返送する、植木の件、家具の件。

井上光晴さんはかくしておおいにテレながら調布の新居に移り住んだ。そして、一九七八年六月号の『群像』平野謙追悼特集号に、「水洩れ」と題する詩を載せている。その中で私の名前が二度も出てくるのには驚いたが、井上さんが言うように、建築屋と建主の関係ではない。〝飲み友達〟のつきあいが、今日まで綿々と継続しているわけである。だから私は友人としての井上さんたちと、自分のできる範囲のことを分担して、死ぬまでに一度でもいいから共同の文化的作業をしたかったまでのことだったとも言えるだろう。それが第三次『辺境』十冊に結集したともいえよう。

水洩れ　　井上光晴

平野さんのうちでトンカツを
馳走になったというと人は驚く
庄幸司郎の初めて建てた
細長い二階家に招かれたのである
庄幸司郎とはあとで飲み友達になった
あれは何年だったか
小田急線喜多見界隈には
見渡すかぎりの田畑がひろがっていた
トンカツはきっと駅の近くから
運ばれてきたのだろう
配達が遅いといって平野さんは
顳顬に青筋を走らせ
いやどうもこの辺の店は落着かなくてね、と

どっちつかずのいいわけをされた
必ずしも分厚くないトンカツは
それでもしゃりっと揚がっており
瀬戸の茶碗に注ぐ夫人の手つきを
一瞥しながら
九州から私の持参した小石原の花瓶を
底の方からしげしげと眺められた

その花瓶が実は水洩れだったんでねえ
十年経った折り
まるで予想外な推理小説の犯人でも
発見したようにいう平野さんの得意気な顔
あんまりうれしそうだったので
どんでん返しの謎をわざと明かさなかった
真新しい花瓶は
必ず幾日か水洩れするならいだと

（一九七八年四月）

建築ではなく〝活字〟に関係したものでいえば一九七九年四月創刊の月刊誌『記録』（記録社発行）がある。それは、あらゆる関係で親しかった朝日新聞の本多勝一さんや松本さんたちを語らって私が発行責任者となって生れ、現在でもつづいているものだが、いま一つ、一九七二年一月から今日なお月刊で発行している庄建設のPR紙『告知板』がある。その巻頭に私が書いている〈寸言〉も収めて一冊本を書かないかと友人の原田津さんにすすめられて出来たのが、農文協刊の『他者と私』だった。一九七八年七月十四日、パリ祭の夜、友人たちが出版記念会をやってくれた。新宿の東京大飯店に二五〇人の先輩、友人、知人が集ってくれた。

かなりのホメすぎだが井上光晴さんはとっぱなに次のように挨拶をした。

どうもおめでとうございます。なるべく短くやりますからそのつもりで聞いて下さい。

普通、苦労した人というのは、苦労が身につく訳ですけども、庄さんは身についていないわけですね。つまり経験主義でないわけです。だから、これは庄さんがどういう人柄か、つまり、非常にユニークな、創造力に富んだ人であるということは、僕が言うまでもなく、ここに来ている方たちの一人一人がご存知でしょうが……。つまり、こう見渡しても、普通の出版記念会とは異質の顔がここに並んでいるわけです。それだけ考えても庄さんが、単に仕事ということではなくて、如何にユニークな人間で、みんなから好かれているかということはわかります。

いまベトナムとかカンボジアとか中国の問題があって、つまりマルクス主義の本質が、いろいろ問われている訳ですけれども、もうマルクス主義の、いわゆる本当の意味のマルクス主義的人間というのは世界のどこにもいなくなっているわけですね。つまり、固定的な、何も信じないという人間が段々増えてきています。日本にももちろん例外はあるでしょうけれども、ほとんどマルクス主義的人間はいない。それは、既成政党にかかわらず、反逆者にかかわらずいないわけです。

その中で、僕はずーっと前から、庄さんとは二十年来の、本当に仕事抜きの友だちなんですけれども、庄さんを見ていると、もしマルクスが生きていてレーニンが……、まあ、レーニンはどうでもいいんですが……、もしマルクスが生きていたら、こういう人間こそ自分が考えている人間だ、とマルクスが思うんじゃないか、という風に僕はいつも考えます。

今日は喋りたいことは沢山ありますけれども、これ以上かた苦しい挨拶をしても何ですので、それこそが庄さんであろうと思われますので止めますけれども……。本当に、どうも皆さんありがとうございました。……どうも。

そして宴たけなわで騒然となってきて、誰の話も、マイクを通しても全く聞きとれなくなったときの井上光晴さんは今でも強く印象に残っている。

どうも、一番初めに喋ったとき、何か庄さんに対するほめ言葉が足りないような感じがしましたのでね。歌で、庄さんという素晴しい人間のために、僕は、百ぐらいレパートリーはありますけど、「炭坑節」を歌います、一丁。ちょっと雑音が多すぎるな。
ちょっと聞いといて。俺のやつは聞かんとわからんのやからね。

朝も　早よかーらァ
　カンテラ下げて　ナイ　ソウ
坑内さがるも　さァ　親の罰《ばち》　ナイ　ソウ

朝も　早よかーらァ
　カンテラ下げて　ナイ
坑内さがるも　親の罰　ネ　ソウ

一九八三年一月十日
松本初枝さん死去。弔問客多数で座る場所もない狭山の松本さんのマンションに、うちのかみさんと二人で行く。井上光晴さんも既に来ていて、死んだおふくろを思うなら、おおいに飲んで騒ぐということで小生と意見の一致をみた。どんちゃん騒ぎをして松本宅宿泊。考えてみると今日は友引、明日またお通夜のやり直しということ。
一九八三年一月十一日

朝一度帰宅。夕刻通夜に行く。多忙な井上さんがちゃんときている。井上さんはもともと義理固い人で、つきあいのいい人なのだ。

一九八三年一月十二日

杉並区・浄見寺にて松本初枝さん告別式。つづいて西谷能雄夫妻、井上夫妻、廣末保さん、藤田省三さん、良知力さんなど数十人と駅前の寿司屋二階にて供養の宴会。

結局、夫妻で来ていた井上光晴さんは松本さんのおふくろのために三日三晩を連続つぶしてしまったことになる。

一九八三年三月二十五日

松本さんよりＴＥＬ、四月一日井上宅行き約す。

一九八三年四月一日

新宿にて松本さん、玉井さんと会い井上光晴宅に行く。玉井五一さんの創樹社で第三次『辺境』を出す話だが、四年間月刊で続けてきた『記録』をやめて、というのが気に入らない。小生の資金繰りを考えてのことだろうが、余程のことがないかぎり小生が自ら始めたことは、どんなことがあっても途中でやめたり、乗りかえたりしない人間だということさえわかっていないらしい。他人のやっていることを勝手に思いこんできめてかかるのも気に入らないから、四号まででもいいという話だったが結論と回答を小生は保留した。

一九八三年四月二日

井上さんよりＴＥＬがあり、この秋から来春に『辺境』の出版をとの話、ほか。小生の方は編集・校正その他の実務を本当に協力、協調してやってくれる人次第なのだ。

一九八三年七月十四日

玉井さんと井上宅行き。余りのり気になれなかった。玉井さんと小生は長いつきあいだが、そこでは、協調とか連帯の精神が、小生に感じとれなくなってしまったからだろうか。

しかし、創作活動で連日多忙なはずの井上さんが、その実践のための現実的〝場〟を作ろうとしているのには感動した。驚いたことに井上さんは、私が一九八一年十二月の『記録』三三号と一九八二年一月の三四号、そして一九八二年三月の三六号と四月の三七号の四回だけ、埋草原稿のつもりで書いたつまらないエッセイまでもちゃんと読んでいたのだ。そんなことはちょっと話せばすぐにわかることだ。しばらく『辺境』発刊は様子を見ることにしよう。

一九八六年一月十二日

井上さんに呼ばれ社の高森健一と二人で井上宅行き。一九八四年十一月の『記録』六八号から今月号まで一年間ほど連載してきた私の「中国紀行」のそのほとんどを井上さんが読んでいることを知った。その内容をほめてもくれた。

今度の『辺境』は、老人問題と精神病院、それに刑務所を問題にしたいという編集方針におおいに小生は賛成だ。話が発展して、中国に病院を贈る運動の話まで出て賛同し、夫人に二人で飲んでると話がどんどん大きくなりすぎるみたい、と笑われた。珍らしく、井上さんが酔泥して段階でよろけたのを初めてみた。やはり、三十五年間のつきあいで、常に小生の教師だった松本さんとやりたいと、正直に、小生は井上さんに話した。

一九八六年二月四日

松本さん、米田卓史さん、と小生の三人で井上宅へ、第三次『辺境』の具体的打合せ。六月創刊をめどに、四号までは出そう、本のサイズや体裁など、〝じんじん〟(私が経営している中野駅前の呑屋)から田村さんと佐藤さんというはじめての人たちをいきりなり連れて行ったが、井上夫妻は相変らず彼らも同じように優遇する。

一九八六年六月十九日

『辺境』を煮つめるため、夕刻偶然来社した福田孝さんと小生が制作した記録映画『ウリナラ』のフイルムを持って井上宅行き。松本さん、米田卓史、米田順さん三人が編集実務・校正など発売とともに引き受けることになる。彼らは尹健次さんとともにくる。井上氏にフイルムを見せ、『辺境』発行打合せ。

第三次『辺境』の創刊号から九号までを私の書斎の机上に積んでみたらかなりのものだ。ふと、高さを測ってみる気になった。一、五四〇ミリあった。

一九八六年八月二十三日付毎日新聞夕刊の〈文化〉欄に、井上さんは書いている。

「文学の問題にあえて触れないのは、現実の腐敗そのものの流れが芸術の地下水道であり、小説の明日ともいえるからである。『辺境』はそこに身をおき、あえて出口なしの鉄柵を目指す。資金面は庄建設の庄幸司郎、発売担当は影書房の松本昌次。思えば『ガダルカナル戦詩集』の刊行以来、三十年もつづく三人組の古びたアバンギャルドである。」と。

また、一九八六年九月二十二日の朝日新聞読書欄では《井上さんは、「地域の上でも、文化の面でも、すでに『辺境』はなくなりつつある。だからこそ、本来の『辺境』の意味が鮮明になってきたのではないか。『辺境』は、むしろ都市にしか住みえなくなっているのかも知れない。それにこうした時代だからこそ、無名の人たちが何の思想上の制約も受けずに書いていける場が必要になってきたと思う」と語る。》とある。むろん私はそれらに共鳴したからこそ、金は出したが口は出さなかった。と言えばカッコイイのだが、私は実務は一切何もできなかったまでである。

井上光晴さんは『辺境』全十冊刊行の三年近いこの年月に、質の高い多くの原稿を依頼し続けてきたのだ。そのためにどんなに神経を消耗し、時間を費し、どれだけの自腹を切ってきたことだろうか。私はいつもそのことを思い続けてきたのだが、井上さんは私にただの一度もそのような苦労話やグチを言わなかった。

井上さんほどの作家なら、原稿用紙のマス目を埋めているだけでも十二分の優れた仕事を残せようし、余計なこと？　をしなければ財も成し、ぬくぬくと、おだてられ、尊重されて作家として生きられようというものである。現代の日本の作家たちの中では、実に稀有かつ貴重な存在というほかない。お互いの精神の所在が一致すればこその共同作業であったが、そのような文学運動に加担でき、一応の完結をみることができたことを私は僥倖だったと思っている。

そして、三十年来、井上さんに物質的にも精神的にも、あらゆる面で〝たかりの飲み食い〟を続けてきた私だが、少しは借金返しができたような、ある種の解放感と小さな満足感を味わえたことは、私にとって大きな収穫であった。

願わくば、『辺境』などを通してつながり広がった人間関係と、文化的実績が、新たに発刊された季刊文芸誌『兄弟』の運動の発展へと、深く拡大されてゆかんことを。

平和憲法と市民運動

庄　幸司郎
（松本昌次・筆）

憲法風呂敷を背に（1990年代）

「平和憲法と市民運動」の原稿は、庄さんの著書、談話等に沿って、松本によって代筆され、庄さんが目を通し了承を得たもので、簾内敬司・松本昌次編『さまざまな戦後』全三集（日本経済評論社・一九九五年八月）の第三集に収められた。どうしても文体に違いがあるので、今回、代筆であることを明らかにした。執筆当時、一字の人名の誤記をのぞいて原稿に訂正はなかった。

1

それぞれの戦後の出発は、いうまでもなく、敗戦をどのような場所で迎えたかに、おおきく左右されるのではなかろうか。むろん、その一瞬に至るまでの戦争下の経験とともに。

私の戦後の出発は、余りにも苛酷であった。いや私だけではなく、アジア・太平洋地域に、戦闘員として、植民者として、その他もろもろの事情でいた日本人の共通した経験としてである。よく、敗戦によって解放の喜びを味わった話を聞く。羨ましいとしかいいようがない。わたしにとっての敗戦、つまり戦後の幕開けは、解放どころか、苦難の人生への船出としかいいようがないのである。しかも敗戦とともにスターリン治下の旧ソ連軍によってシベリアの収容所などに送られた兵士たちは別として、アジア・太平洋地域に散らばっていた生き残りの兵士たちの方が、わたしたちのように植民地で生活を営んでいた非戦闘員よりまだしもしあわせであったかも知れない。なぜなら彼等は単身であり、生命は助かり、家族のいる祖国日本に帰る喜びを味わえた人も少なくなかったのだから。まさに解放である。それにくらべ、最も悲惨だったのは、植民地でしか生きることのできなかった人間たちである。そこで生活の根拠を築いていた人間たちである。その大部分は、国家の政策として、あるいは日本で食いつめて植民地に根づいたのである。しかし、一日にして、それらを失わなければならなかった。まさに一夜明ければ、天国から地獄への転落である。植民者として被植民者への加害の事実はぬぐえないにしても、それらの歴史的運命を何ひとつ知らぬ幼少年にとっては、どんなに悲痛な経験であったことか。

父の建設業の仕事で朝鮮・中国・「満洲」(現在の中国東北地方)の各地を経ながら、一九四五年八月一五日の敗戦の日を、私は奉天(現瀋陽)で迎えた。大連で生まれた私は、日本なるものを何ひとつ知らなかった。両親と兄弟姉妹・母方の祖母の一一人。私は一四歳、当時の「奉天第一中学校」の二年生であった。

一九九四年一一月、ビデオ・ドキュメント『戦争を教えて下さい・「満州」編』(中村稔撮影/桐野直子演出)を私は制作した。いま日本で、「中国残留孤児」などという、奇妙な呼称でくくられている二人の婦人の「満洲」での敗戦体験と、その後の苦難の人生をインタビューで記録したものである。何が〝残留〟だろうか。つまりは〝置去り〟にされたのである。旧ソ連やモンゴルの国境近くに、開拓団員として政府にだまされて送りこまれたこの二人の婦人に共通したことはいろいろあるにしても、最も特記すべきことは、世界最強といわれた日本の関東軍が、無力で、あたりまえの生活をしていた開拓団の老人や女や子どもたちを、何ひとつ戦争の破局を知らせぬまま、置去りにしていち早く逃亡したことに対する激しい怒りではないだろうか。軍隊という武力集団は、その時々の政府の権力者やそれにつながる者たちを守るためのもので、決して国民とか民衆を守るものではないということを、このお二人は身にしみて知ったことを率直に告白している。それはそのまま、私自身の体験でもあった。

このお二人の〝戦争難民〟の体験談に共通していることのひとつに、敗戦で逃避行する折、中国人・蒙古人などの原住民に、何度も襲われた話が出てくる。日本がでっち上げた傀儡「満洲国」は、〝王道楽土〟とか〝五族協和〟をうたい文句としたが、現実は、原地の農民を追い出して土地を取り上げたり、タダ同然の値段で買って日本人の開拓村としたのだった。それ故、他の四民族である朝鮮人、満洲人、蒙古人、中国人たちが、解放・勝利とともに報復の念を持ったことも当然だろう。それまで日本の開拓民たちは、原住民とほとんど融和することなく、彼等を〝不潔〟とか、ある面で恐怖を覚えながら馬鹿にしたり軽蔑したりしてきたのだった。それが突然、事態が逆転したのである。旧ソ連軍の飛行機からの機銃掃射、巨大な戦車の出現、かくして〝植民者〟日本人は雪崩をうって敗走するしかなかった。

無論、都会である「奉天」の日本人街に定住していた私たち一家も、原地の人びとの襲撃を受けた。そして、旧ソ連軍の占領下では、ソ連兵の闖入、掠奪、強姦等々の乱暴狼藉の連続で、立場が一瞬にして逆転した敗戦国民の悲哀・屈辱を身にしみて味わったものである。死を覚悟したことが何度あったろうか。私たちは武装解除されているので、武器は一切ない。従って、まず女性を逃がしてから私たちも逃げるしかない。そして掠奪が終わったら家に帰ってきて片づけ掃除をする。そんな悲惨な日日を繰り返す数カ月だった。その間の体験については、拙著『原郷の「満洲」』（文游社発行・影書房発売）に書いたので詳述しないが、いま考えてみると、それが私に幸いしたのかも知れない。皮肉なことだが、もしも関東軍が私たちを置去りにしないでソ連軍と戦っていたら、私たち少年や女まで動員され、私の人生はあえなく一四歳で終末の刻を迎えていただろう。もし武器をもっていたりしたら、〝聖戦〟を吹きこまれ、東洋永遠の平和を信じこまされていた私たちは、どんなに臆病でも相手に発砲したり切りつけたりして抵抗していたのではなかろうか。私が非武装・非暴力を信条とし、戦後、平和憲法を守る市民運動などにかかわるもともとの出発点は、考えてみると、これらの苛酷な敗戦体験にあると思える。

敗戦翌年の一九四六年一〇月、私は初めて日本の土を踏んだ。九州・元佐世保軍港の針尾島にあった海軍の兵舎跡だった。しかし、初めて足をおろした〝祖国〟もまた、着のみ着のままの私たち家族を〝異国〟にひきつづき実に冷酷無残に出迎えてくれたのである。〝異国〟での難民は〝祖国〟でもまた難民であった。両親にとっては四三年目の日本であり、私たち兄弟姉妹にとっては、見るもの聞くものすべてが未知の日本であった。しかも無一文、当初は京都の父方の親戚をたよったりしたが、食糧難・住宅難はいずこも同じであり、転々とした仮住いで生きのびるほかなかった。ましてや一五歳で中学中退、日本のことがさっぱりわからない少年を、いったい誰が雇ってくれるだろうか。この間のことも一部は『原郷の「満洲」』に書き、現在、月刊誌『記録』に「星の時間」（本書所収）と題して連載しているので省略するが、そのようにしてポツンと裸のまま廃墟に放り出された人間はどのように生きねばならなかったか。

これは後年のことになるが、山本薩夫・亀井文夫監督の映画『戦争と平和』（一九四七年）のなかで流れる歌を私は忘れることはできない。日本軍の戦火に追われる中国民衆の悲惨な画面を背景に、一人のクーニャンが歌うのである。その中国少女の悲しい歌声は、そのまま、敗戦直後の私のこころに響き、空腹をかかえて夜道を歩くときなど、その歌をひそかに口ずさんで、かつての中国民衆の思いと重ねあわせみずからを慰めたものである。

美しい山　なつかしい川
追われ追われて　果てしなき旅よ
道ずれは涙　倖《しあわせ》はない
国の外にも　国の中にも

故郷はどこ　父母はどこ
国は盗まれ　身よりは殺され
さすらい流れて　行く先はない
国の外にも　国の中にも

しかしいっときの感傷も束の間、水だけを飲んで働く日も多かった。結局私には、大阪や神戸などでの沖仲士、土方、大工、トビなどの肉体労働の下働きでしか稼ぐてだてはなかったのである。以後、さまざまな職場で、二四回もクビになったり、夜間高校にかよったりしながら、一九五〇年の夏に上京、大工仕事をつづけ、一九五四年六月、庄建築事務所を作り、一九六二年二月には庄建設株式会社設立にまで漕ぎつけたのである。しかし、「満洲」と敗戦直後の日本での苦難の経験は、ただ、建築業で日々生きることだけを私に許さなかった。いったい何が、誰が、私をふくめて多くの民衆を戦争という、人類にとって最悪の事態にひきずりこんだのか。一九六〇年の安保闘争にも積極的にかかわったりしたが、一九七〇年ごろからの政治的闘争の停滞や政党政治への不信感から、私は、この日本では市民運動を高揚させる以外、平和憲法の精神を守り、真の民主主義国家を建設する道はないと思いはじめたのである。

一九七二年一月二〇日、ミニコミ月刊誌『告知板』創刊。いまでこそ、発行部数二万三千余、市民運動の横断的な情報・連絡機関誌の役割も果たしているが、もともとは、A5判ワラ半紙ガリ版刷りの粗末な建築関係の情報紙に過ぎなかった。ところが、次第に発展する市民運動や人間関係とともに、『告知板』はその任務を変貌させてきたのである。特に、平和憲法こそ、市民運動の根底をつらぬく普遍的で最も重要な主題と考えてから、『告知板』は、平和憲法を守るさまざまな市民団体とかかわりつつ、現在に至っているのである。

もともと、いまだ戦火の傷痕も癒えぬ頃の一九四七年に、文部省が発行した『あたらしい憲法のはなし』をある時読んだことへの感銘があった。戦争による筆舌につくせぬ被害を蒙った人間にとって、日本国家は許せぬ存在であった。そしてその国家の手先機関として、他国を侵略し、同時に自国民すら見捨てた軍隊こそ、私の最も憎むべきものであった。『あたらしい憲法のはなし』は、ただひたすら働きづめに働いていた私に、そして、戦後のさまざまな変革の運動にある種の絶望をすら覚えていた私に、一縷の光を与えてくれたといえる。しかも、文部省という国の機関による出版という驚きもあった。『あたらしい憲法のはなし』は、次のように語りかける。

みなさんの中には、こんどの戦争に、おとうさんやにいさんを送りだされた人も多いでしょう。ごぶじにおかえりになったでしょうか。それとも、とうとうおかえりにならなかったでしょうか。また、くうしゅうで、家やうちの人を、なくされた人も多いでしょう。いまやっと戦争はおわりました。二度とこんなおそろしい、かなしい思いをしたくないと思いませんか。こんな戦争をして、日本の国はどんな利益があったでしょうか。何もありません。ただ、おそろしい、かなしいことがたくさんおこっただけではありませんか。戦争は人間をほろぼすことです。世の中のよいものをこわすことです。だから、こんどの戦争をしかけた国には大きな責任があるといわなければなりません。このまえの世界戦争のあとでも、もう戦争は二度とやるまいと多くの国々ではいろいろ考えましたが、またこんな大戦争をおこしてしまったのはまことに残念なことではありませんか。

そこでこんどの憲法では、日本の国が、けっして二度と戦争をしないように、二つのことをきめました。その一つは、兵隊も軍艦も、飛行機もおよそ戦争をするためのものは、いっさいもたないということです。これからさき日本には、陸軍も海軍も空軍もないのです。これを戦力の放棄といいます。「放棄」とは「すててしまう」ということです。しかしみなさんは、けっして心ぼそく思うことはありません。日本は正しいことを、ほかの国よりさきに行ったのです。世の中に正しいことぐらい強いものはありません。もう一つは、よその国と争いがおこったとき、けして戦争によって、相手をまかして、じぶんのいいぶんをとおそうとしないということをきめたのです。なぜならば、いくさをしかけることは、けっきょく、じぶんの国をほろぼすようなはめになるからです。また、戦争とまでゆかずとも、国の力で相手をおどすようなことは、いっさいしないことにきめたのです。これを戦争の放棄というのです。そうしてよその国となかよくして、世界中の国が、よい友だちになってくれるようにすれば日本の国は、さかえてゆけるのです。

みなさん、あのおそろしい戦争が、二度とおこらないように、また戦争を二度とおこさないようにいたしましょう。

なんと格調の高い、説得力のある言葉だろうか。私は、敗戦と戦後の困難な時代を生き抜くために、ある面では仕方なく建築業を選ぶほかなかったが、次第に、演劇・映画・ビデオ・出版などの運動にかかわり、同時に、全国各地のそれぞれの市民運動とともに歩むこととなった。そしてそれらすべてを基本的につなげるものが、不戦・平和を唱える平和憲法の前文であり第九条であろうと私は思う。

2

「平和憲法（前文・第九条）を世界に拡げる会」が正式に発足したのは、一九九一年一二月である。しかし私は、それをさかのぼる一〇年ほど前、『告知板』誌上で、第九条を全世界に拡める訴えを書いた。それは一九八二年四月一五日に結成された〝「憲法擁護・非核都市宣言」を求める（東京都）中野区実行委員会〟の事務局の一人としてでもあったが、以後、私はこの運動にこだわりつづけているのである。

日本国憲法を世界に拡げるといっても、「第一章　天皇」の第一条から第八条までをどうするのか、という意見がある。この第一章があるから憲法擁護に批判的・消極的な人たちもいる。私の敬愛する埴谷雄高さんも、そういう立場の一人である。それゆえ、私たちは、日本国憲法を「平和憲法」と呼び、特に「前文・第九条」を世界に拡げると限定しているのだが、それはさておき、たとえ日本国憲法の全文を世界に拡げたところで、どうして特殊日本的な「第一章　天皇」が他の国に受け入れられ拡がるだろうか。これは、現在の日本の一部にのみ通用する特殊なものである。例えば、国会にしろ内閣にしろ、その他日本にのみ特殊な憲法をいくら他国に拡げても意味はない、いや、拡がるはずがない。結局は、普遍的な精神しか拡がるはずがなく、それが前文・第九条なのである。何事の伝達であれ、それが頭の上から足の先まで完璧でなければならないだろうか。普遍的でないもの、ある時代のある場所でしか存在しないような特殊個別的なものは、おのずから自然淘汰されるものである。「第一章　天皇」にこだわる余り、産湯を流すに赤子を流す式に、全世界に向かって唯一誇っていい「前文・第九条」の普遍的精神をフイにしてはならないと、私は考える。

さらに言えば、政治的状況は、たえず相対的なものではなかろうか。ある一つの政治的状況が絶対的に正しいということはあり得ず、よりどちらがいいかという比較相対性でしか選択できない。たとえば、敗戦まで私たちに君臨した大日本帝国憲法の「第一章　天皇」はどうだったか。「第一條　大日本帝国ハ萬世一系ノ天皇之ヲ統治ス」「第三條　天皇ハ神聖ニシテ侵スヘカラス」である。私の幻の国「満洲」での〝難民〟体験も、敗戦後の日本の廃墟での〝飢餓〟体験も、淵源するところはこの旧大日本帝国憲法にあるのではないか。私だけではない。これによって、アジア・太平洋地域の諸民族や日本の民衆が、どれだけ悲惨な歴史を経験したかは、あらためていうまでもない。もはや、〝神聖不可侵〟な存在は、私たちの上に存在しないのである。

どういうわけか近代日本は、自国に折角存在する誇るべきものを、他国の人によって発見されるという始末である。例えば、浮世絵・芝居絵をはじめとする美術をはじめ、建築にしろ庭園にしろ、果ては日本人の生活を支える固有の民俗的なものに関してまで、外国人に評価され、とりあげられてはじめてそのものの価値に気づくことが多い。情けない話だが、これも、遅れて西欧諸国の近代に参加するため、追いつき追いこせと息せききって突っ走った結果かも知れない。いまも、敗戦という甚大な苦難の代償として手にした「戦争の放棄」という、全世界に先駆けた人類の到達すべき究極の精神を日本だけが宣言しているのである。これを誇らずして何を誇れというのだろうか。

ところで、ここで時間を距てた二つの文章についての感銘をのべよう。

その一つは、いまから三〇年以上も前の一九六四年一一月一四日、当時開かれた「憲法問題研究会」でおこなわれた丸山眞男氏の報告「憲法第九条をめぐる若干の考察」（『後衛の位置から』未来社・一九八二年刊所収）である。久しぶりに再読したが、その今なお色あせぬ新鮮な論調には、ただただ目を瞠る思いだった。朝鮮戦争のドサクサにまぎれて現在の自衛隊の前身である警察予備隊を作ったように、なにかのキッカケで絶えず浮上する世の改憲論者のターゲットは、いうまでもなく〝第九条〟であり、あわよくばこれを骨抜きにして、自衛隊の〝交戦権〟を認めたくて仕方がない。しかし丸山氏がいうとおり、「戦争主義、あるいは軍国主義を理想として憲法に掲げる近代国家というものは、現実にもなかったし、今後は一層考えられ」ない。かつての〝大日本帝国〟ですら、一九二八年の国際的な「不戦条約」に加わって、「国策遂行の手段としての戦争放棄」をした事実を丸山氏は論証し、そのことを「新憲法のなかでただ明文化したにすぎない」といっている。つまり、〝第九条〟をどのように変えられるというのだろうか。「国の交戦権は、これを、認める。」とでもしたいのだろうか。

アメリカ憲法の修正箇条第十四条は、「合衆国の一切の市民にたいする平等な保護」を、そして十五条は、「人種、体色に基づく投票権の拒絶や制限を禁止して」いるという。しかし、それから百年余もたっているのに、いまだにアメリカの「人種平等に反する現実」はあとを絶たないのである。それならば、「そういう現実があるのだから、この条項は無意味だ、ひとつこの条項を改正して人種不平等をはっきり規定しよう」ということになるだろうか。そんなことはあり得ない。現実がこうなっているから、憲法の条項をそれにあわせるというのは、まさに本末転倒であり、戦争放棄、交戦権否認、平和維持、主権在民、人権擁護、人種平等等々、どの角度から、誰がみても人類のあるべき姿としてゆるがせにできない規範があるならば、それに向って一歩一歩努力するのが当然だろう。憲法はそのためにあるといってもいい。

丸山氏はさらにいっている。「自衛隊がすでにあるという点に問題があるのではなくて、どうするかという方向づけに問題がある。したがって憲法遵守の義務をもつ政府としては、防衛力を漸増する方向ではなく、それを漸減する方向に今後も不断に義務づけられている」と。ところが日本の政府はこれまで、これとは全く逆に、不断に、〝漸増〟に努力してきたのである。

丸山氏は「与太話」とことわった上で、長谷川如是閑の「戦争絶滅法案」（雑誌『我等』一九二九年一月号）を紹介している。デンマークの陸軍大将フリッツ・ホルンという人が冗談に作った法案ということだが、それによると、「宣戦布告後または戦争開始後の十時間以内」に、各国政府は、つぎの順序で最前線の実戦に従事させるというのである。すなわち「まず第一に国家の元首、ただし男子にかぎる。次に元首の男子親族、次に総理大臣、各国務大臣、次に次官、それから国会議員、ただし戦争に反対投票した議員は除かれます。それから宗教家で戦争を煽ったもの」である。防衛のためであれ何であれ、そんなに戦争がしたかったら、言い出しっ屁《ぺ》みずからが最前線に立ってみたらいいということである。私にはとても〝与太話〟とか、〝冗談〟とは思えない。戦争をおこすもの自身は常に安全で、最前線に動員されて犠牲を強いられているのは一体誰だろうか。PKO法案などの〝国際貢献〟に対しても、それを推し進めた政府関係者たちこそが、まっ先に出動すればいい。そうすれば、かつての戦争中の〝東洋平和〟とか〝四海平等〟とか〝五族協和〟などという、〝美名〟を想起させる〝国際貢献〟なるものの実体が、身をもって実感できるのではないだろうか。

いま一つの文章は、一九九三年八月八日付『朝日新聞』の〝いま何が問われているのか〟という欄での、国立歴史民俗博物館副館長・佐原真氏の「初め戦争はなかった」という一文である。そこで佐原氏は、「人類の長い歴史の中で、人の集団と集団がぶつかりあって数多くの人命を奪う、という意味での戦争は、ごく最近」のことで、「人間の歴史四百万年に対して戦争の歴史は一万年以内、たとえるならば四メートルの中の一センチに満たない」ということを、専門の考古学的研究の成果を駆使して明解に実証しているのである。そして「戦争が農耕とともにあり、世界を滅ぼすほどのものにまで文明がそれを育てたこと」を憂慮しつつ、「九千五百年前の人類最古の戦争以来」、兵器や戦術などは著しく進歩したにも拘らず、「戦争の本質のとらえ方」では、人間はいささかも進歩していないと批判し、さらに「ヒトの学名はかつてホモ・サピエンス（知のヒト）だった。しかし、いつの間にか知を二つ重ねてホモ・サピエンス・サピエンスとなっている。サピエンスの一つは返上して、戦争を捨て去った後、初めて二つを重ねたらどうか」と書いている。

同感である。なにが〝サピエンス〟だろうか。〝人は獣に及ばず〟というほかない。人間は進歩どころかますます退歩し、思想・宗教・民族・人種・経済等々の相違での殺し合いは絶えず、冷戦構造の崩壊といわれながらもなお、各国は軍備を不断に〝漸増〟しているのが現状である。そのような時、佐原氏は、アメリカ合州国オハイオ州で、「第九条の会」を設立したオハイオ大学名誉教授チャールズ・M・オーバービー博士が、一九九二年二月、日本を訪れたさいの講演に、「震えるほどの感動をおぼえた」のである。オーバービー博士は、『二十一世紀のモデルとしての憲法第九条』の演題で日本各地を講演行脚したが、「日本において第九条の指し示すその普遍的精神を維持し、さらにゆるぎないものにしようとするために活動している」私たち市民団体に熱いメッセージを送り、第九条はかなり〝侵蝕〟されているため「先は暗い」と〝消極的〟になっている人も日本の中にはいるようだがと断わりつつ、〝積極的〟な面として次のように語ったのである。

「それは第二次世界大戦が終わって今日まで四十六年間もの間、世界中で日本の兵士に殺された人間は一人もいないということです。これは素晴らしい記録であり、誇るべきことだと思います。そういう意味からいっても、第九条のその目的は、この間ずっと守られてきたと思います。」（『平和憲法を世界に』第1集・影書房刊所収）と。

佐原氏は、オーバービー博士の言葉への〝感動〟に触発されて「未来に対する一つの夢」を描く。それは〝初め戦争はなかったという認識を人類共通のものにすること〟、そしてさらに〝半世紀間戦争で人を殺さなかった日本から、このことを全世界の教科書にのせる運動を起こそう〟という〝夢〟

である。全世界の子どもたち――戦禍にあえぐ子どもたちや、日本のように戦争を知らない子どもたちすべて――に、戦争などしない人間の歴史を伝えることが、地球上から戦争を根絶する道を開くことになると、佐原氏は〝夢〟をふくらませる。この〝夢〟を現実化することによって、戦争を根絶することが、次代を担う子どもたちへの私たちの重大な責任であろう。人類の歴史四百万年を考古学的に探究する一学者からのメッセージとして、私は深い感銘を受け、平和憲法をめぐる市民運動の重要さに改めて思いを致したのである。

オーバービー博士は、翌一九九三年末再来日、『第九条は世界平和への日本の贈物――非暴力紛争解決による世界をめざして』の演題のもと、前回と同じく、北は北海道から南は沖縄までの日本各地で講演会・懇談会等が開かれたが、第九条にこめられた博士の熱い思いとその精力的な活動は、多数の参加者に深い感動を呼んだのだった。もともと、博士は、第二次世界大戦には参加しなかったが、B29のパイロットとして、朝鮮戦争では沖縄の嘉手納基地から飛び立ち、北朝鮮に向けて爆撃に行った経験がある。その経験から、戦争や軍備というものが決して紛争を解決するものではないことを納得したという。また、一九八一年には、愛知県・中部大学の客員教授として招かれ、世界中の国々を旅行する機会を得、世界中の人びとが決して戦争をのぞんでいないことを知ったという。しかし何よりも、広島での原爆記念館で見たものの衝撃は何ものにもまさるものだったという。

講演の冒頭、博士は、ロバート・フロストの一篇の詩を引用した。

森の中で　道が二つに分かれていた、
　そして　わたしは――
わたしは　人跡の少ない道を選んだ、
それが　すべてを違ったものにしたのだと。

（安藤千代子訳）

現在、世界は重大な岐路に立っている。一方は、国際紛争や民族紛争を軍事力で解決しようとした、またいまもしつつある多くの人びとが選び通ってきた道だが、もう一方は、戦争放棄、非暴力の「人跡の少ない道」、すなわち〝第九条の道〟だというのである。確かに後者の道を選ぶ人は少ないかも知れないが、これこそがやがて全人類を「違ったもの」にするだろうというのである。

いうまでもなく、これまでの人類の歴史において、一つの新しい真理が、すんなりと拍手喝采をもって迎えられたためしはない。いまから三百数十年前、ガリレオ・ガリレイの地動説は、宗教裁判によって圧殺され、拷問の前にガリレイは転向、自説をひるがえさざるを得なかった。「それでも地球はまわる」とつぶやいたガリレイの道は、当時、「人跡の少ない道」だった。しかし今はどうか。とうとう、ローマ法王庁も地動説を認めざるを得なくなったのである。いや、そんな遠い他国の誰もが知っている話を持ちだすまでもなく、私も身に痛いほど経験したつい五〇年前の敗戦前の日本を思いうかべればいい。侵略戦争反対、徴兵拒否、非暴力等を主張する者は、「人跡の少ない道」どころか、逮捕・投獄、死さえ免れなかった。日本は、この苦い経験を経て平和憲法、特に、全世界に先駆けて

「前文・第九条」を獲得、広く宣言したのである。これはガリレイの地動説にも匹敵するものではないか。いつの日か、武器によって人間を殺傷する戦争＝天動説はくつがえるだろう。むろん、いまの世界は暴力に満ち溢れている。だが、シェイクスピアの『マクベス』のなかの台詞《せりふ》のように、「どんなに夜は長くとも、明けない夜はない」のである。

一九九三年三月から四月にかけては、スイスの社会民主党の国会議員であるアンドレアス・グロス氏が来日した。グロス氏は、「軍隊のないスイスをめざすグループ」（略称ＧＳＯＡ）の代表で、「スイス政府は新しい戦闘機を二〇〇〇年まで一機も調達しない」運動を主唱したのである。その年の六月におこなわれた新鋭戦闘機三四機の購入の是非を問う国民投票への連帯を訴えての来日だった。もし、その投票で過半数の賛成が得られれば、世界で初めて、国民投票によって武器輸入が停止されることになるのだった。結果は、残念ながら、非四二・八％、是五七・二％であと一歩及ばなかった。しかし、私たちの「平和憲法（前文・第九条）を世界に拡げる会」や、各地の「九条の会」・市民運動のグロス氏との交流は、インターナショナルな視野をさらに一歩すすめたのであった。私たちの「拡げる会」は、スイスの新聞四紙に、〝第九条〟を紹介し、それらの市民運動への連帯意志を示した。その意見広告に、約千人の個人、二二の団体が参加、約三百万円の広告・運動資金が寄せられたのである。このような、スイスの市民と遠く距てながらも軍隊や殺人兵器を〝漸減〟する市民運動こそが、丸山氏や佐原氏の理論・提案に直結し応答するものであろう。かつてＧＳＯＡは「今世紀中の軍隊全廃」の国民投票も提案（一九八九年一一月）したことがあり、三五・六％の賛成票を得たという。この三五・六％が、やがては一〇〇％になる日のために、市民運動は日々、その努力を重ねているのである。

オーバービー博士の最初の訪日講演の折、私は、ビデオ『いま第九条を！――オーバービーさんの訴え』（影書房発売・二三三分）を制作した。それは、仙台・東京・名古屋・広島等での博士の市民との交流集会を記録したものである。市民運動にとって大事なことは、ある一つのイベントなどを、それだけで終わらせないことである。それを記録し他の市民団体に知らせるためにはビデオは最もいい手段であろう。グロス氏らの運動も、現地に直接取材しつつ『決めるのは我々だ――スイスの国民投票』（影書房発売・二三三分）にまとめたのである。

名古屋の勝守寛氏を中心とする「第九条の会」をはじめ、全国各地に散在する〝第九条〟を守り運動の中心とする諸団体と連帯・呼応しつつ、私たちは「平和憲法（前文・第九条）を世界に拡げる会」をすすめている。前文と第九条にこめられた人類共通の普遍的精神を全世界に〝拡げる〟市民運動である。そのためには、月刊誌『告知板』の誌面をフルに活用する。共通した運動を展開する市民グループと密接に連携する。少なくとも、平和憲法に関連し、それを拡げるために努力するあらゆる試みを支持する。〝護憲〟などという守りの姿勢ではなく、前述したごとく、個別・特殊なものはさておき、縦から見ても横から見ても、人類が共通して享受し得るであろう普遍的原理を積極的に拡げ、世界からまず戦争を根絶・追放することが先決と考えている。そして日本は、半世紀にわたってつづいている兵士によって人を殺さないという〝素晴らしい記録〟を、さらに、永久にのばすことである。これこそが、唯一、日本が世界に誇れる〝国際貢献〟以外の何ものでもないことは、論をまたない。

オーバービー博士は、再来日した年の八月六日の〝ヒロシマの日〟に寄せたメッセージで、日本の平和憲法と第九条の精神を〝不死鳥〟になぞらえ、次のように言っている。

「現在、地球上の多くの場所で殺戮が依然として絶えない状況を考えると、あなた方の平和憲法とその第九条に表されている理想に向かって力強く進むために、私たちはなお、なすべき多くの仕事が残っていることを実感します。」と。その〝なすべき多くの仕事〟は山積している。そしてそれらは、さまざまな地点で、さまざまな問題をかかえ、日々、闘っている市民運動の双肩にゆだねられているのではなかろうか。それが、戦後五〇年、紆余曲折を経たピンからキリまでの現状変革のたたかいの行きついた果てではなかろうか。

オーバービー博士は、戦後五〇年の一九九五年五月、三たび訪日、全国各地で遊説、それぞれの市民運動団体との交流集会を持った。それに先立ち、アメリカの日刊紙『クリスチャン・サイエンス・モニター』や月刊誌『ザ・タイム』に、「平和憲法（前文・第九条）を世界に拡げる会」（代表＝庄幸司郎・伊藤成彦）、名古屋「第九条の会」（代表＝勝守寛）、〝The Article 9 Society〟（代表＝チャールズ・オーバービー）の共同で、「名誉ある雄弁な七三語」という見出しの意見広告を出した。それが、平和憲法にかかわる、日本のみでないインターナショナルな市民運動の基本精神を表明していると思えるので、全文を引用しよう。

宛先：世界の市民へ

日付：第二次大戦終結五〇周年に

主題：日本からの贈り物

第二次大戦終結五〇周年を記念するに当たって、戦火とホロコースト（大虐殺）の中から不死鳥のように立ち現れた世界の最も偉大にしてあまり知られていない宝物の一つ、日本国憲法第九条についてよく考えてみましょう。第九条は国際的紛争解決手段としての戦争の放棄を宣言しています。その英訳は世界平和のための名誉ある雄弁な七三語です。

第九条　日本国民は、正義と秩序を基調とする国際平和を誠実に希求し、国権の発動たる戦争と、武力による威嚇又は武力の行使は、国際紛争を解決する手段としては、永久にこれを放棄する。

② 前項の目的を達するため、陸海空軍その外の戦力は、これを保持しない。国の交戦権は、これを認めない。

第九条は第二次大戦の勝者と敗者によって創造され、一九四七年五月三日に施行された日本の新憲法に住処を与えたのでした。日本の人々は今五月三日を「憲法記念日」として祝っています。

国際的平和と正義のための第九条の新しい諸原則は、一九二八年のパリ平和協定、一九四五年の国連憲章及び二度の世界大戦の惨禍の経験から育ってきました。歴史上かつて例を見ないほどに、

第九条は核兵器下の苛酷な現実を反映したものです。

戦争は不適当

戦争は紛争の解決にふさわしくない方法です。私たちは世界の最近の民族・部族・宗教の対立から、軍事力や兵士として訓練された人達によってはこれらの紛争は解決できないことを改めて学びました。

何か新しいことを試みる必要があります。非暴力的紛争解決の訓練を受け技術を持つ人達によって対話への道を開くことが、紛争の解決、戦争の予防、平和の回復のための私たちの新しいモデルとならねばなりません。

パレスチナとイスラエルの人達がお互いに殺し合うのではなく話し合うように仲介したノルウェーの努力、南アフリカ新政府の変貌、最近の北アイルランドにおける殺戮から話し合いへの転換、朝鮮半島、ハイチその他でのカーター元大統領のNGO活動などは、非暴力的紛争解決での最近の勇気づけられる事例です。

第九条は私たち全てのもの

第九条はもはや日本だけのものではありません。それは、不条理にして残忍な近代ハイテク戦争の終焉を切望する私たち全てのものです。私たちは皆、この貴重な宝を未来の世代のために保持すべき責任を負っているのです。

不幸なことに第九条は目下、日本の国内でも国際的にも攻撃されています。私たちは日本の市民が日本政府に対して、第九条への忠誠を回復し、世界平和と正義への創造的貢献として、戦争防止と紛争の非暴力的解決方法において国際的リーダーシップの新しい道を指し示すことを確固として促すように助けねばなりません。

もし私たちと憂慮を共にしてお手紙を戴けるならば、私たちのグループと活動に関する情報をお送りします。

もしご希望ならば、第九条葉書をお送りしますので、第九条を国連と全ての国に二十一世紀以後へのモデルとして活かすことを世界の指導者たちに要請するためにお送り下さい。

（伊藤成彦訳）

（「平和憲法（前文・第九条）を世界に拡げる会」は、庄幸司郎の没後、いくつかの市民運動に発展的に解消）

3

戦後五〇年にあたる今年の一月一日、『五〇年目に問う戦後』と題する加藤周一・大江健三郎両氏の対談が『朝日新聞』紙上に掲載されたが、そこでの大見出しは、「市民運動が最後の命綱」と「核軍縮の訴えを世界に」であった。わが意を得たり、である。戦後の思想・文学界をリードしてきた二人の碩学が戦後五〇年に問いかける主題は多々あるが、つきつめれば、この二つの大見出し、つまり市民運動と戦争放棄に行きつくのではなかろうか。加藤氏は、「日本の民主主義を救う道は市民運動の圧力行使しかない」と断言し、「労働組合も言論界も駄目になり、残っているのは分散した形での小さな市民の集まり、市民運動だけです。個々の運動は小さくても、無数にあればつぶされない。」と語っている。大江氏も「(官僚、政党、財界の)外圧が市民に向かう以上、市民は逆の方向の圧力、つまり内圧で抵抗する以外ありません。その原動力は市民運動だと思います。」とのべているのである。そして両氏は、マスメディアに対抗できるのは「ミニコミ」であり、「主体は、市民の小さなグループ」と結んでいるのである。

考えてみると、私は、戦後五〇年のほとんどを、平和憲法、特にその「前文」と「第九条」を一つの確固たる道標とし、市民運動の坩堝のなかで鍛えられ、生き抜いてきたと思える。この間に、ある種の政治的動向に荷担したり、若干の希望を抱いたこともなかったわけではない。しかし、日本政治における〝政財官〟三位一体となった腐敗堕落ぶりは、かつての戦争中と精神構造においてなんら変わらないことが次第に明らかになった。つまり、民衆不在、民衆〝置きざり〟なのである。関東軍が私たち在〝満〟日本人を〝置きざり〟にしたように。もし「第九条」のタガがはずれたら、日本の支配者の暴走は火を見るよりも明らかだろう。なぜなら、戦後五〇年の〝国会決議〟ひとつすらがどんなぶざまな醜態を内外にさらしたことか。侵略戦争の真実を直視しなければ、その亡霊はよみがえる。戦争責任を率直に認めれば、日本の名誉は失墜するのだろうか。否である。認めないからこそ、アジア・太平洋の近隣諸国の人びとの〝傷痕〟はさらに深まり、日本から遠のくのである。経済的威力でいい気になっている日本人には、諸外国の人びとの日本に対する不信の念が見抜けないのだろう。魯迅がいうとおり、「血債は必ず同一物で償還されなければならぬ。支払いがおそければおそいほど、利息は増さねばならぬ。」（竹内好訳）

おわりに、昨年末、戦後五〇年にのぞんで、さらに五〇年後の社会へのメッセージというテーマで乞われた一文を全文掲載したい。

「見るべき程の事は見つ、今は自害せん」——これは、壇の浦で源氏に敗北した新中納言平知盛の最期の言葉として『平家物語』に描かれて有名だが、時折、私のからだの奥深くで、この〝遺言〟がますます強くささやきかけるのである。むろん、私は源平合戦での敗軍の将ではないから自害はしないが、戦後五〇年、なんと「見るべき程の事」を見てきたろうかという感慨である。かつての壇の浦は、栄華を極めた平氏が滅亡し、源氏が台頭する一大決戦場として語り継がれるだけだが、比喩的にいえば、現在、人類全体が〝壇の浦〟の「水底深く《みなぞこ》」沈むか否かの岐路に立たされているといってもいいような気さえする。

もっとも、日本植民地主義者たちの末裔《まつえい》として、〝祖国日本〟の存在など何ひとつ知らずに幻の国「満洲」の地で一四歳までをすごし、敗戦とともに帝国軍隊から見捨てられた無辜《むこ》の民衆の一人として、ソ連の侵攻下、言語に絶する地獄図絵を見、廃墟の日本に引き揚げてからは、ただひたすら食べるための労働に明け暮れた私だったから、戦後のスタートから「見るべき程の事」には事欠かなかった。つまり、戦後日本は、ものごころついたばかりの私を実に苛酷に出迎えてくれたわけである。いくらか大げさに言えば、終末を見た上での出発だった。

ところで、戦後五〇年を来年（一九九五年）に控えて、新聞・テレビなどのマス・コミは、一斉にその特集を報道している。結構なことである。しかしそれらを垣間見た上での最も強い印象は、日本は、戦後五〇年を経たにもかかわらず、それ以前のアジア・太平洋地域への侵略戦争のツケをほとんど支払っていないということであった。精算されない過去を山ほど背負いながら、あるいはそれらの沈黙の犠牲をいいことに、日本はひとり、高度経済成長の上にあぐらをかき、飽食の時代を生きているということであった。そのいちいちは言わないが、この日本の戦後五〇年は、日本の侵略戦争によって被害を蒙った無数のアジア諸民族の苦痛を何ひとつ償っていないということである。

そしてさらに世界的規模で見るならば、この五〇年間には、第一次・第二次などの世界大戦はなかったとはいえ、かつての大戦の死者を上まわる死者をさまざまな局地戦で数えているのである。これが平和の五〇年といえるのだろうか。民族・宗教・思想等々の相違による殺しあいは日々マスコミで伝えられている。テレビでも見ながら一杯やろうとでも思った途端、映し出された画面に飢餓で痩せ細った死も間近な子どもを見た衝撃。一体、この人類という種族は、どこまで、自らの手で人類を侮辱しさげすめばいいのだろうか。

従って私は、敗戦直後に見たこと、そしてこの五〇年で見たことの経験に立って、〝人間的〟という言葉を肯定の意味で使いたくない。むしろ、〝動物的〟でありたい。自然の摂理に従順な動物たちこそが、人類より遙かにすぐれた知恵を持っているではないか。戦後五〇年をどう考え、これから五〇年後の社会をどう予測するかという設問に答えるとすれば、私は、自然に学べ、動物に学べ、というほかない。このまま〝人間的〟に事態がすすむならば、人類のみならず地球の破滅は明らかだろう。私は予言者ではないから、それが五〇年後か、何千年先か予測することはできないが、歴史的過去に学ばず〝資本〟の論理にのみ引きまわされている世界の行く末は、火を見るより明らかではないか。ただ一言、万物の霊長といわれる人類こそが、地球を亡ぼす。

絶望の深き淵からいかに立上がり、人類がこれからの五〇年で真の意味での〝人間〟を修復できるかどうか。「見るべき程の事」を見た者には、安易に希望的観測をのべることはできないが、かといって、このまま破滅への道を傍観しているわけにもいかない。日本帝国主義の植民地主義・侵略戦争の実体を直視し、戦後五〇年放置された償いを誠実に履行し、日本国憲法第九条の「武力による威嚇又は武力の行使」の永久放棄を全世界に拡めることによって、これからの五〇年の人類の歴史に寄与できるかどうか。武力紛争と飢餓と自然破壊、そして何よりも人間内部の精神的荒廃を食いとめることができるかどうか。むろん、これから五〇年後を私は見ることはできない。できないが、ただひたすら、人類の覚醒の日を願うのみである。

〈付〉

日本国憲法《にほんこくけんぽう》

前文《ぜんぶん》

日本国民《にほんこくみん》は、正当《せいとう》に選挙《せんきょ》された国会《こっかい》における代表者《だいひょうしゃ》を通《つう》じて行動《こうどう》し、われらとわれらの子孫《しそん》のために、諸国民《しょこくみん》との協和《きょうわ》による成果《せいか》と、わが国全土《くにぜんど》にわたつて自由《じゆう》のもたらす恵沢《けいたく》を確保《かくほ》し、政府《せいふ》の行為《こうい》によつて再《ふたた》び戦争《せんそう》の惨禍《さんか》が起《おこ》ることのないやうにすることを決意《けつい》し、ここに主権《しゅけん》が国民《こくみん》に存《そん》することを宣言《せんげん》し、この憲法《けんぽう》を確定《かくてい》する。そもそも国政《こくせい》は、国民《こくみん》の厳粛《げんしゅく》な信託《しんたく》によるものであつて、その権威《けんい》は国民《こくみん》に由来《ゆらい》し、その権力《けんりょく》は国民《こくみん》の代表者《だいひょうしゃ》がこれを行使《こうし》し、その福利《ふくり》は国民《こくみん》がこれを享《きょう》受《じゅ》する。これは人類普遍《じんるいふへん》の原理《げんり》であり、この憲法《けんぽう》は、かかる原理《げんり》に基《もと》くものである。われらは、これに反《はん》する一切《いっさい》の憲法《けんぽう》、法令及《ほうれいおよ》び詔勅《しょうちょく》を廃除《はいじょ》する。

日本国民《にほんこくみん》は、恒久《こうきゅう》の平和《へいわ》を念願《ねんがん》し、人間相互《にんげんそうご》の関係《かんけい》を支配《しはい》する崇高《すうこう》な理想《りそう》を深《ふか》く自覚《じかく》するのであつて、平和《へいわ》を愛《あい》する諸国民《しょこくみん》の公正《こうせい》と信義《しんぎ》に信頼《しんらい》して、われらの安全《あんぜん》と生存《せいぞん》を保持《ほじ》しようと決意《けつい》した。われらは、平和《へいわ》を維持《いじ》し、専制《せんせい》と隷従《れいじゅう》、圧迫《あつぱく》と偏狭《へんきょう》を地上《ちじょう》から永遠《えいえん》に除去《じょきょ》しようと努《つと》めてゐる国際社会《こくさいしゃかい》において、名誉《めいよ》ある地位《ちい》を占《し》めたいと思《おも》ふ。われらは、全世界《ぜんせかい》の国民《こくみん》が、ひとしく恐怖《きょうふ》と欠乏《けつぼう》から免《まぬ》かれ、平和《へいわ》のうちに生存《せいぞん》する権利《けんり》を有《ゆう》することを確認《かくにん》する。

われらは、いづれの国家《こつか》も、自国《じこく》のことのみに専念《せんねん》して他国《たこく》を無視《むし》してはならないのであつて、政治道徳《せいじどうとく》の法則《ほうそく》は、普遍的《ふへんてき》なものであり、この法則《ほうそく》に従《したが》ふことは、自国《じこく》の主権《しゅけん》を維持《いじ》し、他国《たこく》と対等《たいとう》関係《かんけい》に立《た》たうとする各国《かつこく》の責務《せきむ》であると信《しん》ずる。

日本国民《にほんこくみん》は、国家《こつか》の名誉《めいよ》にかけ、全力《ぜんりょく》をあげてこの崇高《すうこう》な理想《りそう》と目的《もくてき》を達成《たつせい》することを誓《ちか》ふ。

第二章　戦争の放棄

第九条　日本国民《にほんこくみん》は、正義《せいぎ》と秩序《ちつじょ》を基調《きちょう》とする国際平和《こくさいへいわ》を誠実《せいじつ》に希求《ききゅう》し、国権《こつけん》の発動《はつどう》たる戦争《せんそう》と、武力《ぶりょく》による威嚇又《いかくまた》は武力《ぶりょく》の行使《こうし》は、国際紛争《こくさいふんそう》を解決《かいけつ》する手段《しゅだん》としては、永久《えいきゅう》にこれを放棄《ほうき》する。

②　前項《ぜんこう》の目的《もくてき》を達《たつ》するため、陸海空軍《りくかいくうぐん》その他《た》の戦力《せんりょく》は、これを保持《ほじ》しない。国《くに》の交戦権《こうせんけん》はこれを認《みと》めない。

追想＊庄　幸司郎

松本　昌次

若き日の庄幸司郎（松本宅）

松本による庄さんにふれた文章三篇を収める。初出は次のとおり。
彼と彼との奇妙な友情（庄建設『営業案内』一九六六年一二月）
「寂しさのはてなむ国ぞ……」――追悼（『彷書月刊』二〇〇〇年五月）
『原郷の「満洲」』（『週刊金曜日』二〇〇〇年一二月一日）
これらの三篇は、松本昌次『戦後出版と編集者』（一葉社・二〇〇一年九月）に収録されている。

彼と彼との奇妙な友情

うす暗い裸電球のともる夜間高校の教室であまりパッとしない学校出たての一人の教師が、一人のずんぐりした見るからに一癖ありげな生徒と出会った。一九五二年であった。その生徒は、人をなめたようなニヒルな視線で、教師の言うことなど何一つ信じないぞといった風貌を崩さぬ異様な風体の男であった。その教師なんぞとは、おそらく人生のコースが極端にちがっているに相違ない、異質な存在感を漂わせる男であった。

しかしどちらからともなく、どちらもが気になった。つまり偶然の多くの人たちの出会いのなかで、彼は彼を選び、彼は彼を選んだのだ。やがて、気に食わぬ教員室に、一歩も足を踏み入れず、廊下や教室やそば屋などで、芸術や社会や生活のことばかり話し、夜学生を主題にした演劇にうつつを抜かした教師はレッド・パージにひっかかり、あっさりクビになった。よれよれのうす汚れたハンチングを大きな頭の上に斜にかぶり、大工道具一揃えの入った袋を肩からかついで教室にやってきていたその男は、教師に向かって、お前さんを食わせてやると言った。チョークを握っていた教師は、一転して生徒の住んでいた馬小屋同然のアバラ屋にころがりこみ、大工になりすまして、どこかの家の材木運びや板張りや土方などをやるようになった。どこかの家こそいい迷惑であったが、食うためにはがまんしてもらうことにした。しかし寒風吹きすさぶ屋根の上にのってトンカチを握っていると、生っちろい教師の掌は、真っ赤にかじかんで、釘一本打てぬのであった。教師は悲鳴をあげ、お前の掌と俺の掌をくらべてみろ、お前のように皮の厚いがっしりした太い掌とはケタがちがう、俺はやっぱりインテリのはしくれとして生きるから、当分の間、俺に本を読ませてくれ、お前は一所懸命労働しろ、などとつじつまのあわぬいい気な事を言った。

その男は、それでも素直にうなずき、毎日、陽のある限り働きづめに働き、ルンペン・インテリは、一日じゅう本を読んでいた。その労働者は、手間賃を稼いでくるとそのノラクラ・インテリを、安食堂に呼び、メシを食わせた。一言も不平を言わなかった。そのかわり、とその元教師はひらき直り、いままで読んだ本でどういう事が大切かを、食わせてくれたお礼に話した。奇妙な友情であった。しかし、その大工は、時折くさくさしたつらい思いに駆られると、酒を飲んで、すべての苦痛を束にしたように、元教師を代表にしてからんだ。お前みたいな愚劣な奴はいないと、怒鳴り、柔道二段のウデで、川に放りこむといい、ぶんなぐらなければお前らインテリには解らないと言った。しかし、ただの一回も、大工は、元教師に乱暴な手を加えたことはなかった。かつての少年の日日、大豆を煮こんだ汁ばかりを半年近くも常食とし、尻から出るのは、水ばかりであったという経験をもつその男の悲しみの重量は、解り過ぎるほど解ったが、元教師は同情しなかった。ただお互いに、本を読み、人生と闘い、世界にかかわって行こうと話しあった。いつしか、一人のタタキ大工は、独力で学びつつ、自己否定の精神を内に秘めて広い世界に一歩一歩踏みだして行き、やがて、特異な建設会社を作りあげた。もう一人のナマクラ・インテリは、相変らず辛うじて食える以上のものを、決して稼ごうとせず、青春のすべてを身代金にして生きてきた男と、対立的につきあい、決して離れようとせぬのであった。それが、彼、つまりわたしと、もう一人の彼、庄幸司郎との奇妙な友情の一コマである。

（1966・12）

「寂しさのはてなむ国ぞ……」――追悼

白鳥《しらとり》はかなしからずや空の青海のあをにも染まずただよふ

懇親の集まりなどで歌を所望されると、庄さんは、サビのある沁み入るような声で、若山牧水の一首を歌った。ビールの酔いにまかせての日頃の〝大音声〟とは打って変って、それは、哀切な孤独感を聞く者に与えずにはおかない声だった。

また、敗戦直後封切られた映画『戦争と平和』（山本薩夫・亀井文夫監督、一九四七年）のなかで、日本軍の戦火に追われる中国人少女が悲しみをこめて歌う一節も、庄さんは、ふと口ずさむことがあった。

美しい山　なつかしい川
追われ追われて　果てしなき旅よ
道づれは涙　倖《しあわせ》はない
国の外にも　国の中にも

一九三一年大連で生まれた庄さんは、苛酷な〝引揚げ〟の体験ののち、十五歳ではじめて日本の土を踏んだ。しかし異国での〝戦争難民〟は、〝祖国〟でも冷酷無残に迎えられた。中国人少女の歌は、そのまま、庄さんの十代から二十代にかけての苦難の人生の投影のように、わたしには聞こえた。

一九五二年春、わたしは一介の教師として都立夜間高校に赴任した。裸電球のともる薄暗い教室で、まだたたき大工だった二十歳の庄さんと出会った。

以来、わたしは、庄さんが罵倒してやまない〝クソインテリ〟のまま編集者になったが、庄さんは、働きづめに働き、文化運動へ、市民運動へ、人びとのなかへ、現実変革のただなかへ出て行った。しかし、庄さんは、いつも孤《ひと》りだった。そんな素振りは片鱗だに見せずに。

二〇〇〇年二月十八日、庄さんは、誰一人にも、訣れの言葉を残さず、アッという間に人生に幕をおろした。関節のはずれた時代に、まるで愛想づかしをしたかのように。

庄さんは、牧水の有名な絶唱を時にはもう一首、つづけて歌った。

　幾山河《いくやまかわ》越えさり行かば寂しさのはてなむ国ぞ今日も旅ゆく

寂しさは果てることなく、いまごろ、庄さんはどこを旅しているだろうか。

（2000・5）

『原郷の「満洲」』

著者の庄幸司郎は、さる二月十八日、急逝した。六十八歳だった。各日刊紙は、一斉に、訃報とともに追悼・惜別の記事を掲載した。それらは、時には二万部をゆうに超える市民運動の情報誌『告知板』の二十八年間にわたる発行、「平和憲法（前文・第九条）を世界に拡げる会」の代表世話人としての活動とともに、出版・映画等での反戦平和・文化運動においての庄幸司郎の功績を報じるものであった。

その死を遡ることほぼ半世紀、一九五二年四月、わたしは、庄幸司郎と出会った。彼が二十歳、わたしが二十四歳。東京都立H高等学校夜間部の薄暗い教室でであった。わたしは大学ポット出の時間講師、彼は、ノコギリなどの柄が飛び出した頭陀袋《ずだぶくろ》を肩にひっかついだ〝タタキ大工〟の一生徒だった。戦争難民（本書で、彼はくり返し「引揚者」という言葉を否定している）として、「満洲」から一度も見たこともない日本に強制送還されて五年がたっていた。

庄幸司郎は、みずから書いているように、徹底して「ニヒルな反抗的」な存在として、わたしを刺激し、同時に魅《ひ》きつけた。それまでのわたしの人生では出会ったことのない異質な、対照的な人間であった。それもそのはずである。彼は、わずか十歳余にして、「満洲」の地で、「終りから始まる」人生を歩みはじめねばならなかったのである。この本は、それらの経験をあらためて心に刻むようにして書かれた文章・発言をまとめたものである。

　四五年八月八日、ソ連（当時）軍が「ソ満国境」を越えて一斉に侵攻、八月十五日の敗戦から間もない十九日には、庄一家が住んでいた瀋陽《しんよう》（旧奉天）に、「二階建の洋館に匹敵するほどとてつもなく馬鹿デッカイ戦車」とともにやってきた。日本の軍隊で最強といわれた「関東軍」は、「在留邦人」を置きざりにして、「満洲」の東南部にすでに退却してしまっていた。「おいてきぼりを食った」一般庶民・女・子どもたちが、どうやって生きのびねばならなかったか、庄幸司郎は、両親・祖母・兄弟姉妹十人の大家族の崩壊過程とともに、この本でつぶさに書きとどめている。

　「ソ連囚人兵」による略奪や「婦女子」に対する強かん、日本の植民地支配の頸木《くびき》から脱した他民族集団による報復の襲撃。食料難、コレラやチフスの流行。「植民地でわがもの顔の贅沢三昧、特権階級」だった立場から、「在留邦人」は一転して敗戦国民のどん底に叩き落とされたのである。庄幸司郎は、六二年に庄建設株式会社を設立するまで、二十四の職業を転々としたとのことだが、最初の職業は、敗戦直後、瀋陽での「泥棒」だったという。誰いうとなく「少年窃盗団」を結成、元日本の会社の事務所・倉庫、ソ連や中国の兵舎などに忍びこみ、せっせと日本人難民宿舎に運びこんだのである。逮捕されて銃殺寸前という危機一髪の体験までするが、彼は「義賊気取りのこの行為」に、「正義とある種の誇り」と、「燃え盛る若い血潮を感じた」のだった。すでにして、のちの庄幸司郎を髣髴させるものがある。

　また、ある時は、三人のソ連兵が友人の姉に襲いかかる現場を目撃しなければならなかった。庄幸司郎は、小さなからだで兵隊にしがみつくが、銃をつきつけられどうすることもできない。彼は書いている。――「目前で犯されているのに、何もせずにこうして立って生きねばならぬ私は、自虐心と無念さで一杯だった。私は一生このときのことを忘れることはできないだろう」――「理屈などはどうでもよい。とにかく、勝者や強者が、敗者や弱者に押しつける理不尽な蛮行、残虐、圧迫、それが許せないのだ。私はこのような経験から、少しは正義に目覚めさせられたのではないか」と。

敗戦翌年の秋、庄一家は、辛うじて九州・佐世保港に、わずかの食糧と日用品をリュックにつめて「引揚げ」上陸し、京都に住む。しかし、はじめて見る〝祖国〟もまた、庄幸司郎を苛酷に出迎えたのである。すべてを失った父親は、アルコール依存症患者になり、「放浪癖も加わった精神障害者」になってしまう。一家を支えるため、彼は朝は五時起き、大工仕事をはじめさまざまな肉体労働に従事する三年間を過ごす。米粒がほとんどない雑炊はまだいい方で、水だけ飲んで三日間を過ごしたこともあるという。読み書きどころか、拾った新聞は読んだあと便所紙になる。庄幸司郎にとって、戦後は、自由と解放ではなく、新たな〝終末からの出発〟といってもよかった。

学ぶことに熾烈な思いをかけていた庄幸司郎は、やがて単身上京し、相変らずの労働と夜学に苦闘しながらも、徐々に建築業で生活の基盤を確保しつつ、文化運動・市民運動のただ中にのり出して行くのである。この本の最終章「私の戦後五十年」（本書所収）が駆け足ながらそれらを語っているが、どのような場合も、〝原郷〟としての「満洲」での痛切な経験が、根底に流れ、起爆剤となっていると思える。

庄幸司郎を喪ってみて、いかにわたしが、彼と協同した道をこれまで歩いてきたかを、あらためて痛感している。本業の建築の仕事をはじめ、出版活動・演劇運動・平和運動のどれもに、彼とともにかかわってきた半世紀であった。特に、彼の死によって三百三十三号で休刊した月刊誌『告知板』（一九七二年一月創刊）、本多勝一氏らとともに始め百六十三号で休刊した月刊誌『記録』（一九七九年四月創刊）、いまは亡き井上光晴氏編集の季刊・第三次『辺境』全十冊（一九八六年十月創刊）は、すべて彼の経済的負担によるものであり、この本に収められた文章のほとんどは、これらの雑誌に書かれたものであった。

庄幸司郎は、戦後を一気に、猛然と駆け抜けた。二度と再び「満洲」を繰り返さないために、反戦平和の道を――。

（2000・12）

あとがき

昨年一〇月、〔非売品〕として刊行された栗原哲也さん執筆の『私どもはかくありき――日本経済評論社のあとかた』は、大変評判がいい。一読、わたしも感心したがそれはともかく、なかのひと齣に、「希望はあるか――庄さんの死」がある。庄さんの「ダメな日本に大した希望はないが、眼前の現実を自分の力で動かそうとする人々のいる限り、小さな希望は持てる」という言葉を引きつつ、「平和に対し、金も出し、汗も流し、口も人一倍出した庄さん」の早過ぎる死を悼んだ心のこもった一文である。

その文章の冒頭、庄さんを「呻吟する影書房の陰の応援団長」と呼んでいる。〝呻吟〟といえばいささか大げさだが、そういえばわたしは未来社に入社以来、主としてカネのことで呻吟しない日はなかったといっても過言ではない気がする。したがって〝応援団長〟の出番は多忙であった。昨年八月、上野明雄・鷲尾賢也両氏のインタビューに答える形で、『わたしの戦後出版史』（トランスビュー刊）なる書を出版したが、今は亡き著者たちの話題とともに、まさに〝陰〟になり〝日向〟になり庄さんがあまりにも多く登場するので、お二人はほとんどあきれるほどであった。あるところでは、「衣食住の問題になると、わたしはすべて庄さんに相談するんです」と答えて、お二人の（笑）を誘ってもいる。

人生には決定的といってもいい人と人との出会いがあるが、わたしにとってまさに庄さんはその一人であった。そういうと失礼にあたるかも知れないが、庄さんにとってもそうであったろうと思う。わたしより四歳も年若いのに、先に逝ってしまった庄さんの仕事と生涯について書きたいと願ってきたが、もはや、わたしにはその体力はない。しかし幸いなことに、庄さんは、みずからの戦中・戦後の苛酷な体験と、文化・平和運動へのかかわりなどを、文章や談話で遺しておいてくれたのである。わたしとは対極といってもいいほど性質を異にした庄さんであったし、五〇年近い交友のなかではさまざまに紆余曲折はあったが、いま、このようにして庄さんの生涯を一冊にまとめて記念できることは嬉しいことである。

＊　＊　＊

本書の刊行にあたっては、庄さんのご遺族のご厚意に感謝します。ご長男の一志・里子さんご夫妻には、すべてを任せていただき、写真などでもご配慮いただきました。ご長女の山上比呂子さんもお元気な様子で、余計なことですがわたしが名付け親です。庄さんより早く、一九九八年一一月に亡くなった夫人の都さんには、たびたび夜っぴいて酒を飲んでは議論ばかりして、ずいぶんと迷惑をかけたものです。お二人の恋愛時代を懐かしく思いおこします。

再録については、月刊誌『記録』を困難ななか継続するなど、庄さんの意志を受け継いだ「アストラ」の中山徹・荻太・大畑太郎さん、また、『原郷の「満洲」』をまとめた文游社の鈴木康之さんにお礼申し上げます。なお、岩波書店新書編集部にも感謝します。

本書と並んでわたしの編集で刊行される『西谷能雄　本は志にあり――頑迷固陋の全身出版人――』同様、本書もまた栗原さんの企画であり、おすすめによるものです。わたしにとっての〝師〟と〝友〟の本がこのようにしてまとまり、お礼の言葉もありません。直接には谷口京延さんにお世話になるとともに、日本経済評論社の皆さんにも力づけられました。そして、この本もまた、未来社いらいの友人である米田卓史さんに目をとおしていただき、適切な訂正、批評をいただきました。有難うございました。

二〇〇九年六月

松本　昌次

【著者紹介】

庄 幸司郎（しょう・こうしろう）

1931年10月、旧「満洲」大連生まれ。1946年、日本に「引揚げ」る。東京都立一橋高校卒業。1963年、庄建設株式会社を設立、代表取締役。のち映画制作会社青林舎、シグロ、および出版の記録社、影書房の代表取締役も兼務。2000年２月没。（著書は「まえがき」参照。）

【編者紹介】

松本昌次（まつもと・まさつぐ）

1927年10月、東京都生まれ。高校講師等を経て、1953年４月から1983年５月まで編集者として未来社に勤務。1983年６月影書房を創業、現在に至る。著書に、『戦後文学と編集者』『戦後出版と編集者』（一葉社）、『ある編集者の作業日誌』（日本エディタースクール出版部）、『朝鮮の旅』（すずさわ書店）、『わたしの戦後出版史』（トランスビュー）がある。

庄 幸司郎《しょうこうしろう》 **たたかう戦後精神**《せんごせいしん》

――戦争難民から平和運動への道――

2009年６月25日　第１刷発行　定価（本体2800円＋税）

著者　庄　幸司郎

編者　松本昌次

発行者　栗原哲也

発行所　株式会社　日本経済評論社

〒101-0051　東京都千代田区神田神保町3-2

電話 03-3230-1661　FAX 03-3265-2993

E-mail：info8188@nikkeihyo.co.jp

URL：http://www.nikkeihyo.co.jp

装幀＊渡辺美知子　印刷＊文昇堂・製本＊高地製本所

乱丁・落丁本はお取替えいたします。　Printed in Japan

ISBN978-4-8188-2059-3

松本昌次編
西谷能雄 本は志にあり
——頑迷固陋の全身出版人——
四六判 二八〇〇円

一九五一年に未来社を創業、いらい流通問題をはじめ出版界の諸問題に苦言を呈しつつ、多くの名著を世に送り出した西谷能雄のエッセイと、丸山眞男氏らとの座談などを収める

簾内敬司著
日本北緯40度
——戦後精神のかたち——
四六判 一八〇〇円

戦後半世紀もの間、東北のある山村の長の地位にあった男、畠山義郎。彼はどのような思いで、その任務を遂行したのか。その生き方に見る戦後精神のかたち。

簾内敬司・松本昌次編
さまざまな戦後（第1集）
四六判 二二〇〇円

著／森崎和江、広瀬常敏、木下昌明、富盛菊枝、林浩治、廣重聰、小原麗子、松下竜一。人々はどのような思いでこの戦後を生きてきたのか、どのように越えてきたのか。

簾内敬司・松本昌次編
さまざまな戦後（第2集）
四六判 二二〇〇円

著／宮岸泰治、三木健、関千枝子、畠山正治、鈴木地蔵、石田友三、羽鳥卓也、伊藤ルイ。われわれに戦後は共有できるのだろうか。

簾内敬司・松本昌次編
さまざまな戦後（第3集）
四六判 二二〇〇円

著／白鳥邦夫、長谷川憲一、三浦輝雄、鈴木伸男、庄幸司郎、美馬達夫、松田政男、もろさわようこ。傷つくことも多かったが「与えられるものもまた大きかったわが人生」（もろさわ氏）。

（価格は税抜）

日本経済評論社